いちばんよくわかる！

結婚一年生のお金

貯蓄・住宅・子育て・老後
「一生のお金」がわかる

氏家祥美

登場人物紹介

氏家先生

FP（ファイナンシャルプランナー）。貯蓄や家計の見直しに詳しいお金のプロ。

颯太《そうた》

結婚1年目の夫。仕事は食品関係の営業職。楽天家で、趣味のサッカー観戦にお金をあるだけ使ってしまう。

夏美

颯太の妻。仕事は事務職。心配性で何かとお金に不安を感じている。

Gakken

事務職の仕事を
忙しくこなす毎日
仕事が終わり
朝、チェックした
特売日のスーパーへ!
特売
99円
あった
あった
生活雑貨はあっちの
店のほうが安い!
○○屋
スーパー
うふふ、
わたしって
いい奥さん
節約上手♪
なのに…
なぜーっ!!
今月の残金
10,232

浪費癖があるわけではないのに、どうして？
ハッ
あの人衝動買いする癖があるのよね。まったく…
プリプリ
トゥルルル
トゥルルル
義母
久しぶりにうちでご飯でも一緒にどう？
おっ!!
はい!! ぜひー
ヤッター助かった～
カスカス
夫の実家
やあやあいらっしゃい
おっす～

新婚生活、けんかなんかしてない？
うまくやってる？
心配ないって、俺たち仲がいいんだから！毎週末はデートだし！
デートっていうか、毎週サッカー観戦ですけどね
この前も泊まりで静岡、翌日は大阪。仙台、新潟も行ってきたし
おいおい、お金は大丈夫か～
そんな余裕あるのかよ
ぜんぜん足りてるよ～
DENKI
今日ちょっと衝動買いしたけどさ…
颯太も仕事が毎日大変でしょ。体も心配
保険には入ってる？

この先、子どもは？出産費用はあるのか
えっ？
家だって子どもができれば、買ったほうがいい。頭金はどうするんだ？
みんな、ちょっと気が早すぎるよ
俺たちまだ新婚なんだし
その夜、自宅で
みんな心配性だから、疲れちゃうよね
次のサッカー、会場は確か札幌だっけな？
私たちって…もしかしたらこのままじゃ
まずい!?

はじめに

ご結婚おめでとうございます！
この本を手に取ったあなたは、結婚生活に夢いっぱいのことでしょう。
きっとこれから、大好きなパートナーと一緒に楽しい毎日をすごし、
将来的には家を買ったり、子どもが生まれたりして、すばらしい未来が開けていきますね。

その一方で、「なんでこんなものに大金を使うの!?」と相手のお金の使い方に
疑問を感じることや、「この収入で本当にやっていけるの？」と不安を感じることも
あるでしょう。だからこそ、この本に手をのばした
というのも正直なところではないでしょうか。

この本はまさにそんなあなたのために書きました。
お金の話は、仲がいい新婚のうちにたくさんしてください。
将来の夢や、お互いの価値観についてもたくさん話しておきましょう。
もともと他人ですから100％理解し合うのはムリというもの。
趣味が違う二人なら「お小遣い」を多めにとって、お互いが自由に使えるお金を
確保するのも円満の秘訣です。
その上で、二人の共通の貯蓄をつくるのはいうまでもありません。

お金は夢をかなえるための道具です。そんなお金を味方にするポイントは、
1. 二人で同じ未来イメージを思い描く
2. 目標に向けて貯まる仕組みをつくる
3. 暮らしが変わるとき、何かを決めるときには二人で話し合うことです。
この3つを守れば、ひとつずつ夢をかなえてステップアップしていけますよ。
まずは、左の「結婚一年生の鉄則５カ条」を参考にしてください。

本書には、新婚時代につくっておきたいお財布管理のルールから、
手間なく貯める仕組みのつくり方、リスクに備える賢い保険の選び方、
住まいや教育にかかるお金とその準備方法、税金や社会保険の基礎知識など、
結婚したら知っておいてほしいことがまとめてあります。
本書とともに、夢をかなえるしあわせな家計を築いてくださいね。

ファイナンシャルプランナー　氏家祥美

結婚一年生の鉄則5カ条

その1

夫婦で お金のルール を決める

その2

買ったものの振り返りで節約する

その3

先取りで 自動貯蓄 をする

その4

病気になる前に 医療保険 に入る

その5

ライフプランを夫婦で共有する

マンガ……2
はじめに……6
結婚一年生の鉄則5カ条……7

第1章 二人で暮らすために必要なお金のルール……15

マンガ……16
1 結婚したら最初に決めるお金のルール……22
2 お互いのお金の使い方を確認する……24
3 家計の管理には大きく3つのパターンがある……26
4 「使う口座」と「貯める口座」に分けてお金の流れをシンプルに……28
5 共働き夫婦のお財布はライフスタイルで決める……30
6 共働きの家計管理① 夫婦共有口座でお財布をひとつに……32
7 共働きの家計管理② お財布別々型で家計管理が楽に……34
8 失敗しないお小遣いの金額の決め方……36
9 クレジットカードは2枚まで! 電子マネーはルールを決めて使う……38
10 リボ払いの正体は高金利の借金!……40
11 独身時代の借金、ローンも二人で共有する……42
12 二人のお金と自分のお金との境目を把握しておこう……44
column1 収入に差がある夫婦がうまくいくコツ……46

Contents

第2章 すぐにわかるお金の管理ポイント …… 47

マンガ …… 48
1 人生のリスクに負けない強い家計をつくろう …… 52
2 家計簿はお金の流れを把握するための手段と考える …… 54
3 家計の赤字を招く臨時支出は毎月の貯蓄で備える …… 56
4 「理想の家計バランス」と比べると家計のムダがわかる …… 58
5 家計のムダを減らすコツをおさえよう …… 60
6 ムダ遣いが見えづらくなる「カード費」は厳禁！ …… 62
7 不要なものは処分して、ほしいものには優先順位をつける …… 64
8 固定費の見直しは、まず通信費からはじめよう …… 66
9 予算管理が苦手な人には袋分けがおすすめ …… 68
10 節約は大切、でもお互いに無理のない生活も大切に …… 70
column2 増えるペット費用、家計の5％以内におさめよう …… 72

第3章 お金の増やし方・貯め方 73

マンガ 74
1 人生に3回ある「貯めどき」の1回目はまさに今！ 78
2 お金の貯め方の3つの輪は「貯蓄」「保険」「投資」 80
3 「残ったら貯金」は貯まらない！ 貯金は先取りで考える 82
4 自動的にお金が貯まる仕組みをつくって確実に貯める 84
5 貯蓄額の目標を決めると貯金の計画が見えてくる 86
6 ボーナスや残業代は半分貯蓄 残り半分は意味のある使い方を 88
7 預金は預けっぱなしにしない！ 預け替えで増やす 90
8 投資に使うお金はなくなっても困らない余裕資金に！ 92
9 低リスクで運用できる投信積立をはじめてみよう 94
10 人生の三大資金（住宅・教育・老後）はどれから貯める？ 96
11 住宅資金と教育資金は安心確実な商品で貯めよう 98
12 老後資金づくりは時間と金利を味方に上手に増やそう 100
column3 退職金も自分で運用する時代 102

第4章 助けてくれる保険

第4章 助けてくれる保険 …… 103
マンガ …… 104
1 いざというときに助けてくれるのが保険 …… 108
2 保障の優先順位と予算を決めて失敗しない保険選び …… 110
3 結婚後まず入るべきなのは医療保険 加入前に健康保険の制度をチェック！ …… 112
4 医療保険を選ぶときの比較ポイントは「入院給付金」と「保険料」 …… 114
5 妻が仕事を辞めたときや子どもが生まれたときに死亡保険に加入する …… 116
6 貯まる終身保険と、保険料が安い定期保険を上手に使い分ける …… 118
7 子どもの将来に備える学資保険の仕組み …… 120
8 自動車保険はネットで比較して安く加入しよう …… 122
9 保険料が安く守備範囲の広い損害保険！「個人賠償責任保険」と「買い物保険」 …… 124
column4 もしも親に介護が必要になったら!? …… 126

第5章 気になる住まいの選び方 127

マンガ 128
1 賃貸と購入、決めるときに大事なのは二人の考え方 132
2 マンションと一戸建て 物件選びのポイント 134
3 マイホームを買うベストなタイミングとは？ 136
4 我が家にいくらまで出せる？ 計算してみよう 138
5 頭金なしで家を買うととんでもないことに!? 140
6 中古で家を買う 借りるという選択も 142
7 知って安心！ 住宅ローン計画のルールとポイント 144
8 ローン完済は定年退職＋5年後まで！ なるべく繰り上げ返済を 146
9 金利のタイプは変動と固定どっちがいい？ 148
10 住宅ローンにはこんなに種類がたくさんある！ 150
11 マイホームの登記は夫婦それぞれ負担した割合で 152
column5 住宅ローンが組みやすい人、組みにくい人 154

第6章 お金から考える！ 結婚後の人生設計 …… 155

マンガ …… 156
1 二人の将来をイメージすると未来のお金もわかる …… 160
2 ライフプランによってマネープランも変化する …… 162
3 妊娠出産にかかる費用は工夫次第で抑えられる …… 164
4 育児休業は夫婦ともに取得する選択も！ …… 166
5 妊娠、出産、子育て、家計…… 多方面から妻の働き方を考える …… 168
6 教育費を考える前に二人の教育方針の確認を …… 170
7 子どもが3歳からは保育料が安くなる …… 172
8 公立か私立か 子どもにかかる費用はこんなに違う …… 174
9 高校卒業までの教育費は家計から捻出！ …… 176
10 子どもが18歳になるまでに大学費用300万円を貯める！ …… 178
11 オール公立派でも「想定外」の教育費に注意 …… 180
12 親のお金との付き合い方はバランスと距離感が大切 …… 182
column6 将来に生かせる自己投資のすすめ …… 184

第7章 税金・年金ってどうすればいい？ 185

マンガ 186
1 給与明細をしっかり見ると税金のことがわかる 190
2 結婚したら年末調整で手続きが必要になるケースも 192
3 会社員でも確定申告で払った税金が戻ってくる 194
4 今の年金制度の仕組みを知っておこう 196
5 年金は老後の備えだけでなく万が一のときにも受け取れる 198
6 妻の働き方で変わる税金と年金 200
column7 フリーランスの年金 202
column8 年金は繰り上げ・繰り下げ受給ができる 203
マンガ 204

LESSON

第1章 二人で暮らすために必要なお金のルール

ある日
ピンポーン
宅配便でーす
は～い
ねぇこれ何？こんなに大きい箱！
LT-34085
ABC
あ！このまえ早くテレビがほしいっていってたから、注文したんだ！
え？もう決めちゃったの!?相談してくれたらよかったのに…
だって結婚式のビデオとか早く見たいだろ？
よっと…
ドーン!!
50インチ
ABC

ええ…!? こんなに大きく なくていいのに… 50インチって…
こんなの どこに 置くの…
もう少し 小さい テレビなら 安いの あるかも しれない のに…
テレビは 大きいほうが 見ごたえ あるからさ!
お金はどこから 払ったの?
とりあえず カードで 払っといた! このカード かな?
それとも こっち だっけ?
とりあえずって、今月はいただいた お祝いのお返しも あなたのカードで 払ったのよ?
ちゃんと口座に お金残ってる?
うーん、ちょっと待って、
10000
10000
この口座と、この口座からも 引き落とされるから…
なんで カードも 口座も そんなに たくさん あるのよ!
もう! 貸して!!
ヘルプミー…

ピッ
ピッ
ええ!? あなたこれ 残高121円って どういうこと!?
来月この口座から18万円、こっちの口座は9万円で、私の口座からも8万円引き落とされるから、家賃と光熱費と食費も合わせると…お給料が出ても
赤字決定よ!
え?本当に? 最近飲み会多かったからな～ まあ次から頑張ろうよ
来月からはちゃんと家計簿つけなきゃ…
はぁ
ピッ

※ファイナンシャルプランナー。金融、生命保険、住宅ローン、税制、年金制度などに関して幅広い知識を持つお金のプロ。

クレジットカードの持ちすぎにも要注意！
使い分けずに何枚も持っていると、気づかぬうちにムダ遣いの原因になります
つい使っちゃうんだよなぁ～
ほらやっぱり
でも何より！
わっ出てきた！
お金のことは夫婦の協力が一番大切なのです！
結婚当初からそれができていれば、将来お金のことで心配することもありませんし、
大きな夢だってかなえられますよ！
夢かぁ…

子どもを3人産んで、いつかは自分のお店を開きたい
転職して今より稼いで、お金を貯めて、田舎暮らしをしたい…
都会
田舎
将来の夢も二人で話し合って、同じ方向に向かっていきましょうね
どっちに住めばいいの…？
なにそれ!?初耳!
あなた田舎暮らし考えてたの？
自分の店って何？

LESSON 01

結婚したら最初に決めるお金のルール

夢いっぱいの新生活、まずは将来について話し合おう

「結婚はゴールインではなくてスタートライン」とは、披露宴のスピーチでよく聞く言葉ですね。お互いに「友達みたいな夫婦になりたい」「将来はマイホームを建てたい」「子どもは二人以上ほしい」など、たくさんの希望で胸いっぱいのはずです。そんな今だからこそ、その希望のひとつひとつを言葉にして確認を。紙に書き留めておくと、後で振り返るときに役立ちます。今さらのようでてれくさいかもしれませんが、長年よりそった末に「こんなはずじゃなかった」ということにならないために、今話し合ってお互いを理解することが大切なのです。

　お互いの仕事のこと、住宅の計画、子どものこと（気が早いようですが、子どもの教育方針のことも）、家事の分担方法など、話しておくことはたくさんあります。そして忘れてはならないのが、これからの生活になくてはならない「お金のルール」です。

二人に合ったルールを決める

　交際中は相手のお財布の中身に無関心を装っていた人でも、結婚して一緒に生活をはじめたらそうはいっていられません。たとえば人生の三大資金といわれる「住居費」「教育費」「老後資金」。日々の生活

●結婚したらまず決めるお金のルール

- ▶お金の管理者を決める
- ▶夫婦のお財布をひとつにするか、別々にするかを決める
- ▶お小遣いの金額とその範囲を決める
- ▶ローンや借金について隠しごとはしない
- ▶転職や退職をするときには相談してから決める
- ▶1カ月の外食やレジャー費用の上限を決める
- ▶臨時収入があったらお互いに報告する

費以外にこうした費用が必要なので、結婚直後からコツコツと貯金をはじめましょう。このときに役立つのが「お金のルール」。二人のお金のルールをきちんと決めておきましょう。はじまったばかりの生活が、ゆっくりでも上に向かっていくのか、気づかぬうちに下へ下へと落ちていくのかは、このお金のルールを守って頑張っていくことができるかにかかっています。

基本的な決めごととしては、まずは**家計の管理を誰がするか**（➡P26）、**二人の収入をひとつにまとめるのか**、**お財布は別々にして生活費を出し合うのか**（➡P30）ということ。さらに収入を左右する転職や退職は必ず相手に相談してから決める、借金やギャンブルはしないことなども大切です。

人によってお金のかけどころ、抑えるところは違います。すべてわかり合っている（と思っている）二人でも、お金の決め事は最初に具体的にしておきましょう。

LESSON

02

お互いのお金の使い方を確認する

未来を語り合う前に現状をクリアに

将来に向けてしっかり備えていくために、まずは現状をしっかり把握しておくことが肝心です。お互いに月々どのくらいの収入があるのか、臨時収入の予定も含めて伝え合いましょう。そして現在かかえている借金やローンがあるか否かも明らかに。もし独身時代に購入したもののローンがあるならば、何年で払い終わるのかまで話しておくこと。学生時代に借りた奨学金の返済をかかえている人も少なくないようですが、その返済予定もしっかりと伝えておきましょう。

独身時代にどんなことにお金を使っていたのかもクリアにしておきたいものです。プライバシーに立ち入るようで気がすすまないという人もいるかもしれませんが、大まかなお金の流れだけでも把握しておくことをおすすめします。「給料のほとんどが飲み代に消えていた」「毎月カードでブランド品を買っていた」「趣味のバイクにお金をつぎ込んでいた」など、最初に正直に告白しておくといいでしょう。

今までのことは今までのこと、大切なのはこれからです。結婚したのですから、自分の給料は全部自分のお小遣いではありません。**相手の使い癖を知っておけば、今後のためにいろいろと打つ手が考えられる**というものです。

自分と相手の価値観は違うのが当たり前

とはいっても、あれもダメ、これもダメでは息苦しい結婚生活になってしまいます。ルールを決めて、ある程度は許し合うことも大切です。

たとえば900円のランチ、高いと思う人もいれば安いと思う人もいますよね。食にこだわる人ならば「有機野菜しか買わない」「月に一度のフレンチにはお金を惜しまない」という人もいるでしょう。しかしおなかがいっぱいになればなんでもOKと思っている人にとっては、「そんなに食費にお金をかけて大丈夫なの？」ということになるでしょう。一緒に生活をはじめると、お互いの価値観の違いはだんだん見えてきます。でも違う環境で育ってきたわけですから、違うところがあって当たり前。お互いの価値観をある程度尊重したお金の使い方を二人でよく話し合っておきましょう。

LESSON
03

家計の管理には大きく3つのパターンがある

家計管理は誰が管理するかによって3つのパターンに分けられます。ここでは3つの方法それぞれの特徴を紹介します。

❶妻が管理する「夫お小遣い制」

専業主婦家庭に多いのがこのパターンです。**夫が妻に給料を全額渡し、妻が生活費をやりくり**します。当然、夫は妻からお小遣いをもらうことになります。

家計のことをまかされた妻の責任は重大ですが、その分妻の満足度が高くなるのがこの方法の特徴。底値買いなど日々のやりくりは上手にこなしていく一方で、保険や住宅ローンなどの大きな固定費を見直したり長期的なマネープランニングが後回しになりがちなので、注意が必要です。

❷夫が管理する「生活費手渡し制」

日頃から数字に慣れていて、マネープランニングに自信のある**夫が、家計を大きくとらえて管理し、日常の生活費を現金で毎月妻に渡す**方法です。妻はもらった金額で食費や日用品代などの費用をやりくりしていきます。

一般的に収入が出来高制の人は家計を握りたがる傾向があるようで、夫が自営業や歩合制の仕事をしている家庭によく見られるのがこのパターンです。夫の職業が銀行員や生命保険業といった金融関係の場合もこの方法になる傾向があります。

このケースでは家計の全体を把握している夫は満足度が高いのですが、全体が見えない妻が不安になりがちなので注意が必要です。ときどき大きな家計のことも夫婦で共有するようにできると、妻も安心することでしょう。

❸夫婦で管理する「お財布ひとつ型」と「お財布別々型」

夫婦それぞれがしっかりと働いている家庭では、夫婦で対等にお金を管理しているところが多く、特に30代の共働き家庭に目立つのがこのタイプです。これはさらに**夫婦共同財布をつくる「お財布ひとつ型」、役割分担制の「お財布別々型」**の2つの方法に分けられます（➡P32、P34）。

お財布ひとつ型は、お互いの収入を集めてそこから貯蓄、家賃の引き落とし、食費、日用品代などのすべてをまかなうものです。お財布別々型でよくあるのは、家賃や水道光熱費などを夫が負担して、夫の口座から引き落としで払い、日々の食費や日用品代など、現金の支出を妻が負担するパターン。管理の手軽さから、お財布別々型を行っている家庭が大半を占めていますが、しっかり貯めるなら、お財布ひとつ型のほうがより効果的に貯められます。

LESSON

04

「使う口座」と「貯める口座」に分けてお金の流れをシンプルに

給与口座をメインバンクにして生活口座として使う

振り込まれた給与が口座に残っているとついつい使ってしまいがち。これを防止するためにおすすめしたいのが、生活費の支払い用口座と、貯める・取り分け用口座を分ける、口座の使い分けです。

普段の生活に必要なお金を入れておく生活費の支払い用には、給与振込口座を使います。これなら余計なお金の移動がいりません。食費などの現金をここから引き出して使うだけでなく、公共料金の引き落としや、クレジットカードの引き落としまですべてこの口座で行います。そうすれば記帳するだけで、生活費の流れが一目瞭然です。

もうひとつ、貯蓄や、臨時支出に備える取り分け用のサブ口座をつくります。**給与振込口座から生活に必要なお金を除き、残りはこちらのサブ口座に入金します。**お金を移動させるひと手間はかかりますが、給料日後の決まりごとにしてしまいましょう。

これはあくまでも月々の貯蓄や臨時の支出に備えるお金の口座なので、いったんこの口座に入金したら、何があっても目的以外のことでお金を引き出さないことが肝心です。将来的には、貯まったお金を投資に回すこともできます。

気をつけたいのは、口座の数が増えるほど管理が難しくなり、お金の状況も把握しにくくなること。

ですから、新婚当初ならば**メインバンク＋サブ口座**の2つだけでOKです。

不要な口座を整理して引き落としはひとつにまとめる

ここでちょっと確認ですが、学生時代のアルバイト用につくった口座をいくつも持っていませんか。持っているだけならまだしも、それぞれから携帯料金やクレジットカードの代金が引き落としになっているなら要注意。異なる口座からの引き落としは、生活費の総額が把握しづらく、給与口座からお金を移す手間も（振込なら手数料も）かかります。

生活費の引き落としはメインバンクにまとめ、口座からのお金の流れをシンプルにしましょう。夫婦共通の生活費口座をつくっているのなら、そこにすべてまとめること。手続きを面倒に思うかもしれませんが、一度やればすむのですから、早めに口座の変更手続きをしてしまいましょう。

●混乱しない口座の使い方

給与振込口座（使う口座）

生活費の支払い用

- 家賃
- 水道代
- 電気代
- ガス代
- 保険料
- 携帯電話料金
- クレジットカード引き落とし

サブ口座（貯める口座）

貯蓄や取り分け用

- 将来のための貯蓄用
- 臨時支出取り分け用

LESSON 05

共働き夫婦のお財布はライフスタイルで決める

お財布ひとつ型とお財布別々型のメリット&デメリット

夫婦共働きの場合、収入の管理の仕方は大きく2つの方法に分けられます。

ひとつは夫婦の「お財布ひとつ型」です。**お互いの収入すべて、または一部を一カ所に集め、夫婦のお財布とする**方法です。そこから二人の生活費を引き落とし、現金で支払う生活費もその口座から引き出して使います。

この方法の一番のメリットは、家計の全体像を二人で把握できること。お互いの収入や支出の金額がある程度オープンになり、家計の支出もチェックしやすくなるので、ムダ遣いが減ってお金が貯まりやすくなります。しかし個人の給与振込口座から夫婦の口座にお金を移動させる手間がかかるというデメリットも。またどちらか一方が家計管理をする場合、管理の手間を負担に感じ、不満を持ちやすい点にも注意しましょう。

では「お財布別々型」はどうでしょうか。これは、**たとえば夫が家賃や水道光熱費、妻が食費や雑費というように生活費を分担し、その分だけを夫婦それぞれが支払う**方法です。

この方法のメリットは、細かい家計の管理が不要で、手間がかからない点です。しかし、二人の収入や支出の流れが把握しにくい、家計の全体像が見え

●あなたは分ける派？分けない派？

夫婦でチェックして、
より多く当てはまる方法をまずは試してみましょう。

お財布ひとつ型	お財布別々型
□ 夫婦どちらかが家計の管理をしたい	□ 忙しいので家計の管理はできるだけ楽したい
□ 家計の支出を細かくチェックして節約したい	□ 自由に使えるお小遣いの金額を固定にしたくない
□ 家計の全体像を夫婦ともに把握したい	□ 相手に収入や支出を知られたくない
□ なるべくお金を貯めやすくしたい	□ 貯金は最低限必要な分を確保できればいい

にくい点がデメリットです。お互い収入や支出をオープンにしないことが可能なので、ときには相手に対してお金の不安感や不信感を感じてしまうことも。お金の使い道を干渉されないので、ムダ遣いも多くなりがちです。

夫婦のライフスタイルに合わせて選択を

お財布ひとつ型と別々型、どちらの方法もメリット、デメリットがあり、どちらが絶対にいい！　とはいい切れません。夫婦で相談して自分たちに合った方法を選ぶとよいでしょう。

一般的に夫婦のどちらか一方が家計を管理する場合や目標ができて貯蓄にはげむ場合は、お財布ひとつ型、夫婦ともに家計管理をする時間がつくれない場合はお財布別々型にしていることが多いようです。どちらの方法が向いているか迷ったら、32ページ、34ページも参考にしてください。

LESSON 06

共働きの家計管理①夫婦共有口座でお財布をひとつに

毎月決まった日に夫婦共有口座に生活費を振り込む

お財布ひとつ型の共働き夫婦の家計管理で夫婦ともに家計全体を把握できる方法は、夫婦共有口座をつくる家計管理方法です。二人とも毎月自分の口座に給与が振り込まれたら、**決まったお小遣い金額を残して、それ以外を夫婦共有口座に振り込みます。**家賃や水道光熱費、クレジットカード、携帯代を含む通信費など、引き落としはすべてこの夫婦共有口座からにします。また夫婦共有口座から引き出した現金で、食費や日用品代、夫婦のレジャー費、交際費などをまかないます。さらに夫婦共有口座から自動積立定期預金を行っておけば、お金も貯まりやすくなって一石二鳥といえます。

ただしひとつネックなのは、自分の給与振込口座から夫婦共有口座へのお金の移動の手間がかかること。忙しくて振込に行き忘れてしまうと、このシステムは成り立ちません。この事態を回避するには、「インターネットバンキング」の利用がおすすめです。インターネットバンキングならば外出先でも家でも振込可能で、銀行によっては手数料も安くなることも。スムーズな家計の流れを確立するために、ぜひ検討してみてください。

ちなみに夫婦共有口座といっても、夫婦連名名義で口座をつくることはできません。あくまでもどち

●夫婦共通口座の仕組み

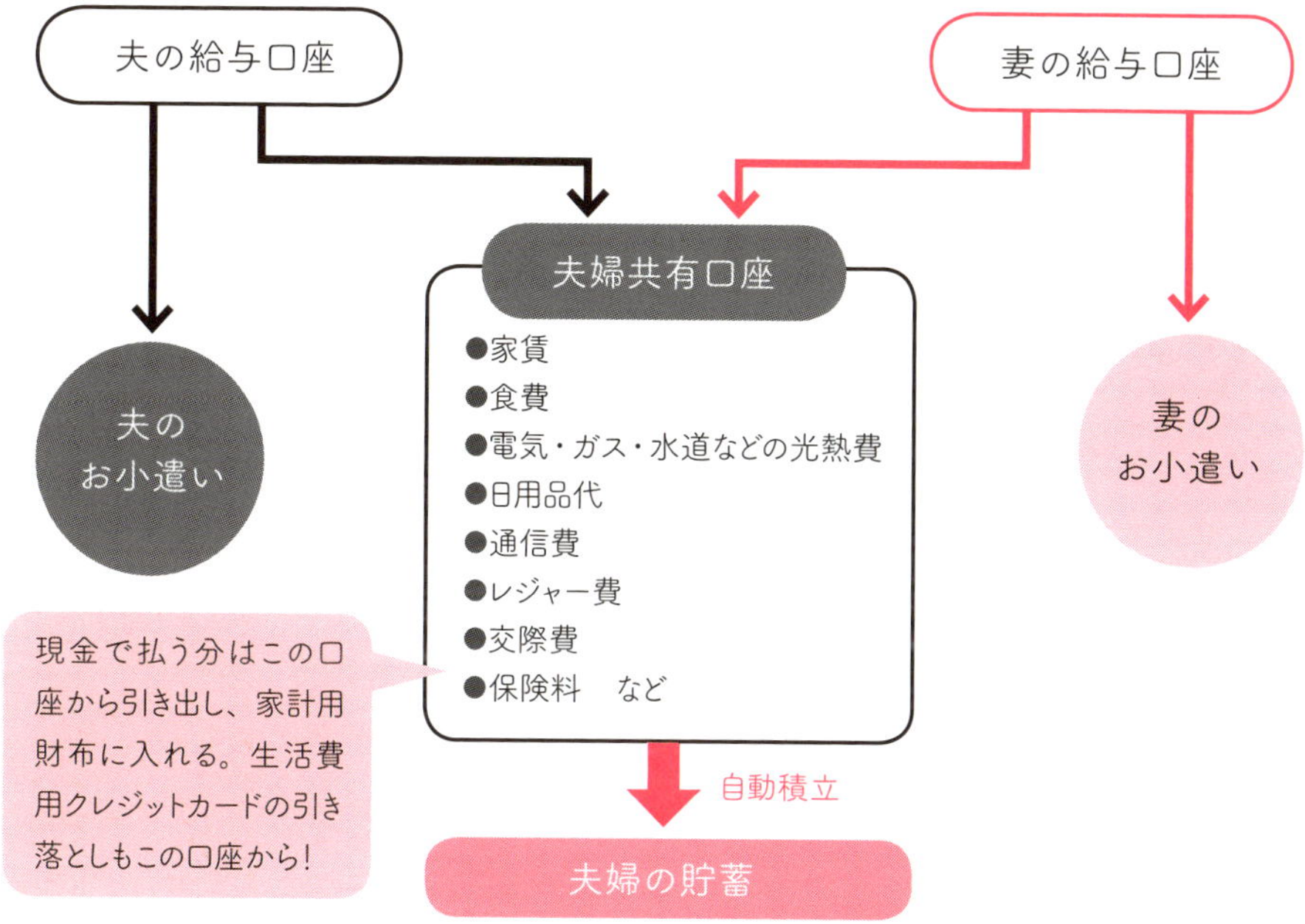

らかの名義にしなくてはならないので、そのあたりは夫婦で話し合って決めてくださいね。

生活費とお小遣いを分けるにはクレジットカードを活用

生活に必要な現金は夫婦共有口座から引き出して、生活費専用の家計用財布をつくり、そこに入れて使うようにしますが、お財布を2つ持つのは大変。だんだん自分のお小遣いと生活費が混ざってわからなくなってしまいがちです。そこでおすすめなのは、生活費用クレジットカードの活用です。夫婦それぞれが生活費用クレジットカードを持ち、主な日用品代や食費などはこのカードで支払います。もちろんカードの引き落としは夫婦共有口座から。こうしておけば、自分のお小遣いとの混乱がなくなり、そのカード明細をお互いに見せ合うことで、ムダ遣いの確認も簡単です。さらにクレジットカード支払いにするとポイントもたまってお得ですよ。

LESSON 07

共働きの家計管理②
お財布別々型で家計管理が楽に

家計管理の手間を省くにははじめの仕組みづくりをしっかりと

お財布別々型というのは、夫婦共有のお財布はつくらずに、それぞれが家計にかかる生活費を分担して支払う家計管理の方法です。貯蓄もそれぞれの口座から毎月自動積立をして、計画的にお金を貯めていきます。最初に「担当する生活費の振り分け」と「貯蓄額」の2つをしっかりと決めて、自動貯蓄の仕組みをつくっておけば、細かい家計管理をする必要もなく、お金を生活費口座に移す手間もかかりません。共働きの多忙な夫婦には便利な方法といえるでしょう。

生活費の振り分け方法としては、夫が家賃や水道光熱費などの固定費を担当し、妻が食費や日用品代などの流動的な費用を担当するのがよくあるパターンです。担当の支出と貯蓄を収入から引いた残高がお小遣いになります。

このお財布別々型の家計管理で大事なことは、**貯蓄とお小遣いのバランスが悪くならないように、生活費の負担額と貯蓄額を設定**することです。たとえば夫の収入が30万円、妻の収入が20万円ならば、生活費や貯蓄も夫が3、妻が2の割合で担当するのが原則です。また、最初に決めていた項目以外の費用が発生したときに、どちらが払うのかでもめることがあるので、ある程度予測できる費用に関しては、

●お財布別々型の仕組み

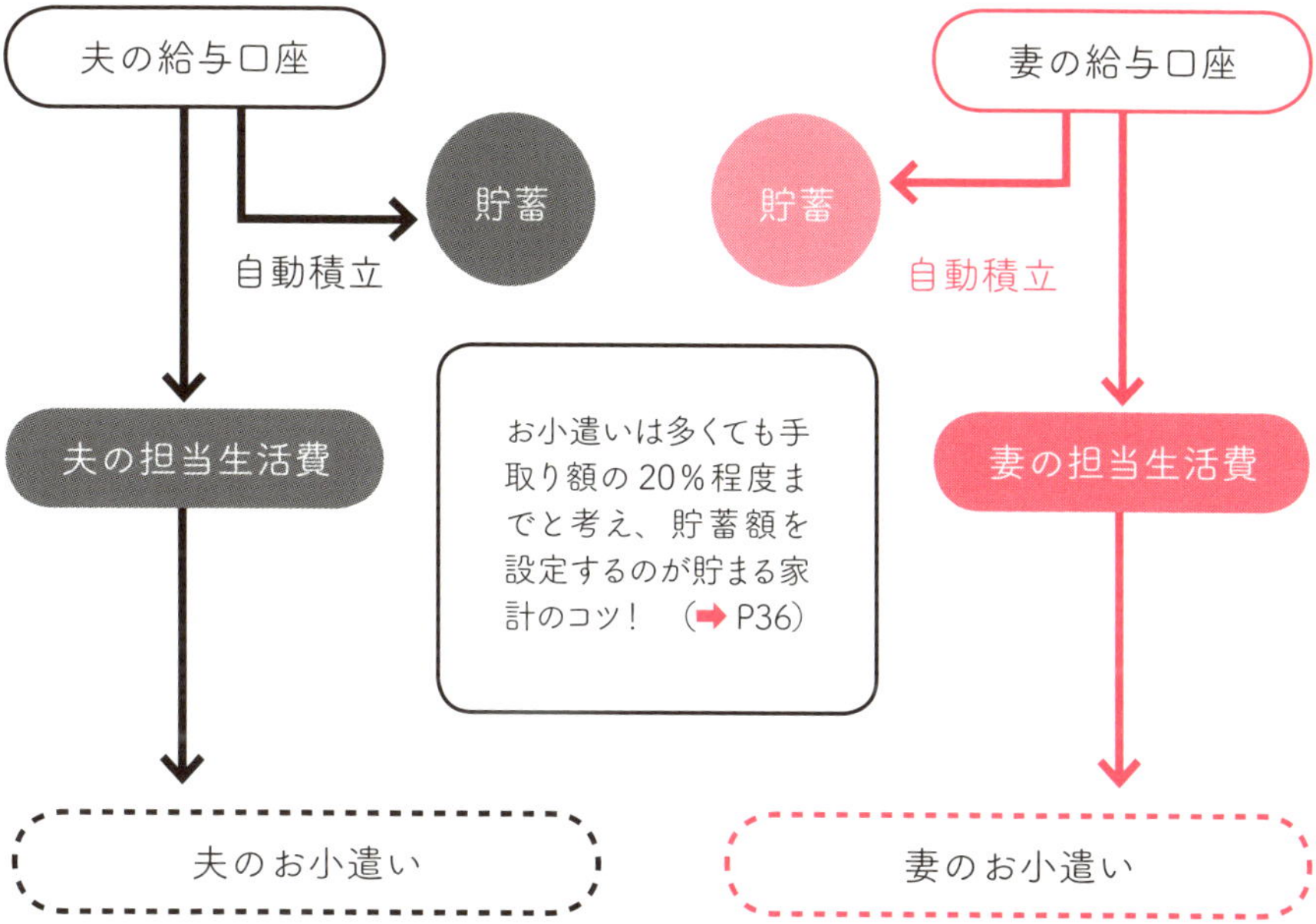

あらかじめルールをつくっておきましょう。

貯蓄は財形貯蓄か自動積立で確実に

　このお金の管理方法で注意したいのは、お互いが約束どおり貯蓄をしているかどうかという点。「お小遣いを使いすぎてお金が残ってないから今月分の積立ができない」なんてことがないように、貯蓄は給料から先取りしておくのが鉄則です。勤め先に制度がある場合は、給料から自動的に引かれる※財形貯蓄を利用します。制度がなければ給与振込口座から自動的に引き落としになる自動積立定期預金をおすすめします。ボーナスの貯め方も、しっかりと決めておきましょう。

　この方法は二人の信頼関係によって成り立っています。ちゃんと相手も貯めているかを確認する意味でも、定期的に通帳を見せ合う決算日をつくっておくとよいでしょう。

※会社が金融機関と提携し、給料やボーナスから天引きでお金を貯める制度

LESSON

08

失敗しないお小遣いの金額の決め方

月の手取り額の10～20%が目安

家計管理をするときは、毎月二人が自由に使える金額を決めておくのがおすすめですが、そのお小遣いの金額をいくらにするかは悩みどころです。もちろん多いに越したことはないけれど、夫婦の将来を考えればそうもいっていられません。

基本的には、結婚したばかりの共働き夫婦のお小遣い金額は月々、手取り額の10～20%が目安です。ただしこれは、どこまでをお小遣いに含めるかによって変わってきます。たとえば共働きのAさん夫婦の場合、夫は会社の付き合いで外食が多く、家庭でかかる食費が少ないため、その分をプラスしてお小遣いは6万円（夫の手取り25万円の24%）としています。そして妻は会社の社員食堂が充実しているためお小遣いは2万円（妻の手取り20万円の10%）としています。このように、**基本は10～20%というラインを守りつつ、その家庭の事情やライフスタイルによって金額を調整**するといいでしょう。

ちなみに夫だけが働いて妻は専業主婦の家庭では、夫のお小遣いは10%程度が基本です。妻のお小遣いも被服代や美容費を含めて夫の手取り額の5%を目安とします。被服代や美容費、ランチ代などをすべてお小遣いとして予算化すると、家計のムダ遣いを減らす効果が期待できます。

●お小遣いの金額の決め方の例

共働き家庭Aさん夫婦の場合

夫
●仕事の付き合いで外食が多い
6万円（外食費・飲み代込）

夫の手取り額のうち　手取り26万円
23%

妻
●会社の社員食堂が充実。ランチ代がかからない
2万円（交際費・美容費込）

妻の手取り額のうち　手取り20万円
10%

専業主婦家庭Bさん夫婦の場合

夫
●趣味はゴルフ、週1回練習場に通う
3万円（趣味代・飲み代込）

夫の手取り額のうち　手取り27万円
11%

妻
●美容院は2カ月に1回。衣服や化粧品は半年に1回程度買い替え
1万3,500円（被服代・美容費込）

夫の手取り額のうち　手取り27万円
5%

どこまでお小遣いでやりくりするかを決める

たとえば休日に二人で外出したとします。二人でカフェでお茶を飲んだら、これはそれぞれのお小遣いから出すのか、生活費から出すのか、あなたならどう思いますか。

このようにお小遣いの金額を決める前に、何から何までをお小遣いの範囲とするのか、夫婦でルールを決めておくことが大切です。ルールとして決めておくとよい項目は各家庭で異なるでしょうから、二人でよく話し合ってどこからどこまでのお金をお小遣いから出すのかを考え、金額を決めるようにしましょう。

またお小遣いの金額は、子どもが生まれて妻の収入が減ったり、教育費がかかるようになるなど、家計のバランスが変動したら、そのつど見直さなくてはならないことも頭に入れておきましょう。

LESSON 09

クレジットカードは2枚まで！電子マネーはルールを決めて使う

家計管理の手間を省くには最初の仕組みづくりをしっかりと

「今カードをつくるとお得な特典が！」そんな言葉につられてつくったクレジットカード。気がつけば使っていないものも含めて、お財布は複数のクレジットカードでパンパン、なんてことも。

クレジットカードを上手に使いこなすには、**不要なカードの解約からはじめましょう**。残すカードは多くても2枚までにします。何枚も使っていると、管理がルーズになるからです。

1枚目のカードは、年会費がかからずにどこででも幅広く使えるカードを選び、メインカードとして使います。おすすめなのはよく使うスーパーやコンビニ系のカードです。これらはカード会員優待割引があってお得な上にポイントも貯まりやすく、貯まったポイントが買い物に使えて節約にもなります。食品から日用品などの買い物はもちろん、携帯代や公共料金などの固定費もこのカード支払いにするとさらにポイントがどんどん貯まっていきます。

2枚目のカードは、自分のお小遣いの買い物用のカードです。よく利用するお店や施設のカードを自分用に持っていると、会員特典やポイントが貯まってお得です。さあ、これら2枚を残して、早速クレジットカードのリストラを実行してくださいね。

電子マネーは月々の金額を決めてチャージを

小銭いらずでとても便利な電子マネー。近頃はコンビニなどで専用の電子マネーで支払うとポイントが多めに還元されるキャンペーンなどもよくやっています。また電車やバスに乗るときにも交通系の電子マネーを利用する機会が増えています。

電子マネーは月々の予算を決めてチャージをするのがポイント。たとえば、1カ月の交通費予算が3000円ならば、月初に交通系の電子マネーに3000円をチャージして、家計簿には「交通費3000円」と記録します。電子マネーでは缶ジュースや雑誌もワンタッチで買うことができますが、予算外のものに使わないように気をつけましょう。

家計をしっかり管理したいなら、オートチャージは禁物です。残高が一定額以下になるとクレジットカードから自動的にチャージされるのでとても便利ですが、使いすぎの原因になりやすいからです。

コンビニ系や、携帯電話系の電子マネーなど、あちこちで電子マネーの利用が広がっています。複数持つときは、それぞれの電子マネーの利用範囲を決め、使ったときには必ずレシートをもらうかメモをとるようにしてください。

LESSON 10

リボ払いの正体は高金利の借金！

カードを使うときは一括払いで回数払い、リボ払いは厳禁！

「リボでポイント2倍！」などの誘い文句で、ついついリボ払いにしてしまったことはありませんか。リボ払い（リボルビング払い）とは、買い物金額に関係なく、毎月あらかじめ設定しておいた一定の金額をクレジット会社に返済する方式です。まとまったお金がなくても、大きな買い物ができる便利なシステムのように思われがちですが、これは大きな勘違い。「借金している」感覚が薄く、毎月一定額は支払っているので、しっかり返している気になってしまうことがリボ払いの落とし穴です。

たとえば50万円の商品を金利15％のリボ払いで購入し、毎月1万円ずつ払っていくとすると、返済が終わるのは6年以上も先、利息総額で28万9500円になります（※元利金等返済の場合）。この場合、最初の月は返済金額1万円のうち、約6250円は利息、元金（商品代50万円）に対しては約3750円しか返済していないことになります。このように、金利の高いリボ払いでは、元金はなかなか減らずに、返しているつもりでも利息ばかりを払っている状況に陥りやすい怖さがあります。

また、クレジットカードを使うときは、回数払いは避けて、一括払いにするのが大原則。しっかり肝に銘じておきましょう。

※毎月の返済額が一定となる返済方式

●リボ払いの返済シュミレーション

50万円の商品を購入し、毎月1万円ずつ返済すると……
（年利15%、元利金等返済の場合）

	1カ月目	2カ月目	3カ月目	4カ月目	5カ月目
返済支払額	10,000円	10,000円	10,000円	10,000円	10,000円
利息支払額	6,249円	6,203円	6,155円	6,107円	6,058円
元金返済額	3,751円	3,797円	3,845円	3,893円	3,942円
支払い後残高	496,249円	492,452円	488,607円	484,714円	480,772円

総支払回数（月数）：
79回（6年7カ月）
返済総額：789,500円
支払利息総額：289,500円

返済支払額に占める利息支払額が多く、
返済していても、
元金がなかなか減らない！

すでに利用しているリボ払いはすぐに繰り上げ返済をする

便利さから、気軽に利用してしまい、現在リボ払いの返済真っ最中の人も多いのではないでしょうか。先にお話ししたとおり、リボ払いは、借り入れ残高が多いほど毎月の返済支払額に占める利息の割合が大きくなり、**返済していてもなかなか元金が減らないという悪循環**になります。

この悪循環から抜け出すために、リボ払いの返済をしている人は、1日でも早く繰り上げ返済をしましょう。繰り上げ返済は全額まとめて返済する方法のほかにも1000円などの小額から毎月の返済に上乗せして返済する「一部繰り上げ返済」という方法もあります。コンビニ等に設置してあるATMから返済する方法やホームページから手続きをする方法もありますので、詳しくはクレジット会社に問い合わせをしてみましょう。

LESSON 11

独身時代の借金、ローンも二人で共有する

ローンや奨学金は二人で協力して返済を

独身時代に利用した自動車ローンやカードローンの返済がまだ残っていることをパートナーに内緒にしている人はいませんか？　リボ払いや分割払いにした買い物の支払いも、借金と考えましょう。

奨学金の返済をしている人もいると思います。大学進学者のうち奨学金を借りている人は50％を超えているというデータがありますから、夫婦のうちどちらかひとり、もしくは二人とも奨学金の返済を抱えていても不思議はありません。

買い物や貯蓄の話に比べると、借金や奨学金の返済については相手に伝えにくいことでしょう。しかし、借金のことをいわずにいては、二人で貯蓄の計画を立てたとしても、絵に描いた餅になってしまいます。早いうちに二人で話し合い、どう返済していくのかを決めましょう。

貯蓄よりも返済を優先金利の高いものから返済する

コツコツと貯蓄をしていても、いつまでも借金が残っていては、お金を増やすことができません。なぜなら、**預金金利に比べてローンの金利のほうが高く設定されている**からです。

普通預金の金利が０・０２％程度に対し、奨学

●借金、ローンの返済順序

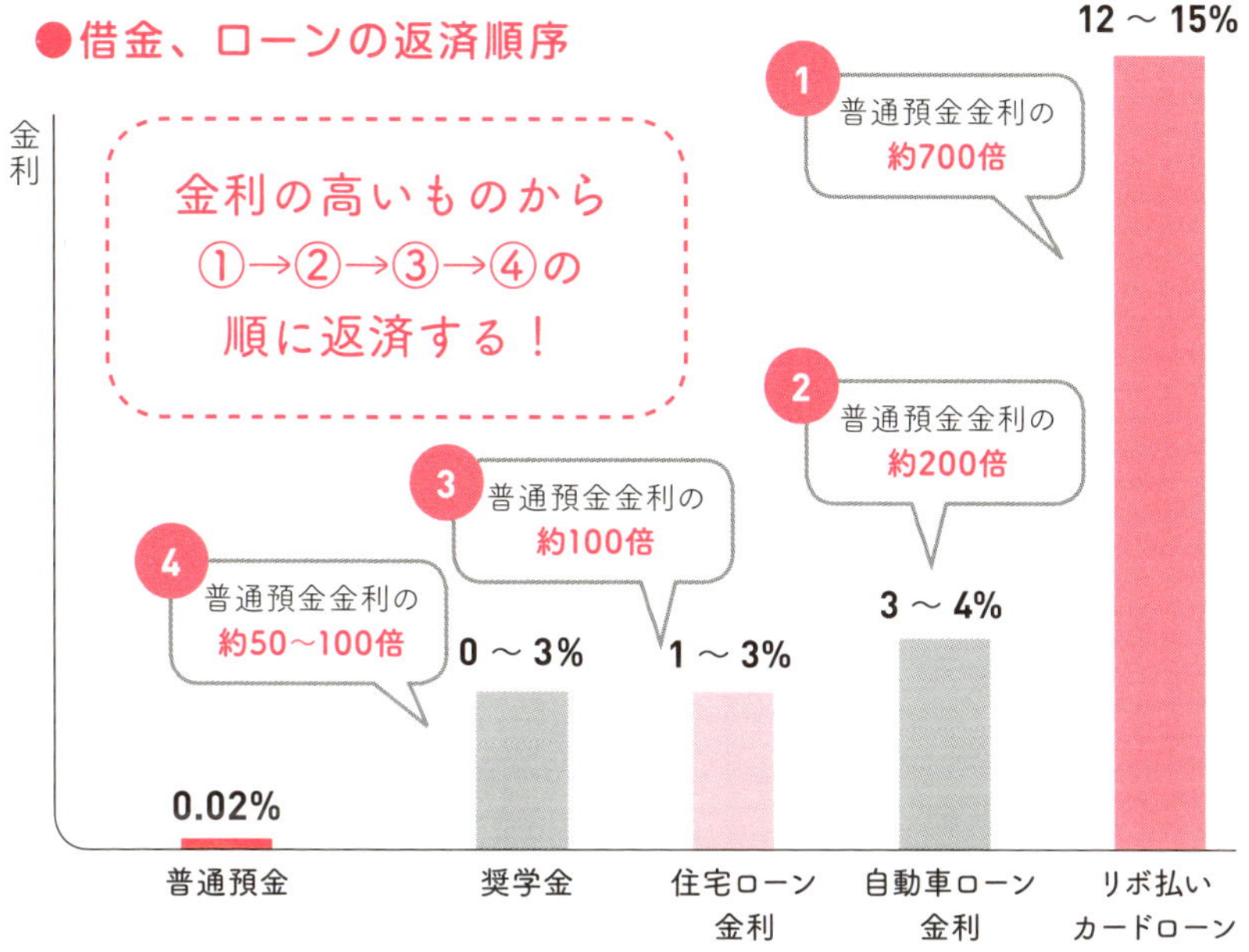

※金利は一般的な数値の目安で、変動する場合もある
※奨学金は日本学生支援機構で借りた場合

金の金利は0~3%、住宅ローン金利は1~3%、自動車ローン金利は3~4%前後、カードローンやリボ払いの金利は12~15%程度です(2014年8月現在)。カードローンやリボ払いの金利がいかに高いかがわかることでしょう。

金利は、一般的に簡単に借りられるものほど高いと思ってください。たとえば、住宅ローンは職業や年収などについて、厳しい審査があります。さらに住宅が担保となり、もしも返済できないときには差し押さえられます。そのため、銀行にとって貸し倒れのリスクが低く、住宅ローン金利は低めに設定されています。

一方、簡単な審査でATMやネットから手軽に借りられるカードローンは、その分貸し倒れになるリスクが高くなり、金利も高くなります。

金利が高いとその分総返済額が大きくなります。借金を返済するときは、金利の高いものから優先的に返しましょう。

LESSON 12

二人のお金と自分のお金との境目を把握しておこう

結婚前のお金と結婚後のお金は分けて管理

夫婦といってもお金がからむとたちまちギクシャクしてしまいがち。あまり考えたくないかもしれませんが、この先離婚する可能性だってゼロではありません。今後お金で夫婦がもめないために、法律の視点からしっかりとルールをつくっておきましょう。

まずはっきりさせておきたいのは、**結婚前のお金や財産はその人個人のもの、結婚後に得た収入や財産は夫婦共有のもの**になるということ。そのため、結婚前に貯めていたお金があるなら、お互いの名義で管理して、結婚後のお金とは分けておくようにしましょう。特に住宅購入の頭金などで自分が個人の資金を出したときには、出した分はしっかりと登記することをおすすめします。

法律上、結婚後に得た収入は、共働きであっても専業主婦であっても、夫婦二人で築いた共有財産になります。前に述べたように、夫婦の収入をひとつにまとめて共有口座をつくり、そこに貯蓄しておいても、夫婦が別々に貯蓄をしていても、夫婦の共有財産という点では変わらないということです。

同じく**お互いのへそくりも共有財産**になるのでご注意を。たとえば妻が夫からもらった生活費を頑張って節約し、こっそり貯めたへそくりであっても、離婚するときや、夫が亡くなって相続するときには、妻固有の財産とはみなされず、財産分与や遺産相続の対象となります。家計のリスク管理の面からは、本当に家計がピンチに陥ったときに「これを使って……」と差し出せるへそくりを夫婦どちらかが持っていることは、私自身はとてもいいことだと思いますが、個人のものではないことをお忘れなく。

ただし結婚後に得たお金のうち、相続で得た財産は、夫婦の共有財産にはなりません。もし親から相続を受けたときには、自分の口座で、夫婦のお金とは別に管理しておくようにしましょう。

結婚前の相手のものを無断で処分するのはＮＧ

結婚前のお金は個人のものといいましたが、持ち物もその人個人のものです。また結婚後にそれぞれが単独で使用することを目的に個人のお金で購入したものは、相手の個人的な財産として認められるケースがあります。

結婚前に相手が買ったものを含め、相手のものは勝手に処分しないようにしましょう。たとえスペースをとってすごく邪魔なものでもです。お互いのものを処分するときは、必ず相談することにしておいたほうが、あとでもめずにすむでしょう。

column 1

収入に差がある夫婦がうまくいくコツ

夫婦に収入差があると、お互いのお金の使い方の違いや仕事に対する考え方の違い、友達付き合いの違いなどからけんかの原因になったり、すれ違いが起こりがち。休日のすごし方や毎日の食事の内容ひとつとっても夫と妻とで求めるレベルが違い、不満や違和感を覚えることもあるでしょう。また、夫婦の育った環境が異なり実家同士のお財布事情にも格差があると、妊娠・出産、マイホームの購入などのライフイベントに両家の価値観の違いが生じてトラブルになったり、夫婦のパワーバランスに影響することもあります。

収入差のある夫婦が直面しやすいこうした問題にうまく対処するには、仕事やお金に対する二人の考え方を普段からすり合わせておくことが大切です。友達付き合いにかかるお金はそれぞれ別会計にして、相手の交友関係には踏み込みすぎないようにする、実家との付き合い方は二人でルールをつくる、生活費の使い方や支払いについても先に決まりごとを設けておくなど、お互いに納得できるかたちでうまくバランスをとることが重要です。

特に、妻の年収が多い場合に気をつけたいことは、決して夫よりも自分のほうが稼ぎがいいというような態度を示さないことです。夫の働きを評価して相手をたて、プライドが高い夫ならば収入のすべてを明かさずに支払いを分担制にするなどの配慮も必要です。収入差が「ある」「ない」にかかわらず、夫婦はどんなときも相手を思いやる気持ちを忘れないようにしましょう。

LESSON

第2章 すぐにわかるお金の管理ポイント

さてと、帰るか…
帰る時間にメール
してね！
今・か・ら・帰・る・っと…
そういや一緒に住みはじめてから電話する回数減ったな～
付き合ってた頃は毎日電話してたっけ…懐かしいな
ただいまー
おかえりー
今日のご飯はオムライスよ！
LOVE
おおっ!!
おいしそう！やっぱ結婚っていいもんだなー家に帰ったらご飯もあるし！
さ、ビールビールっと…

わあっ!!
いっぱい野菜とか入ってるけどどうしたのこれ? もらいもの? 卵が3パックも…
今日は特売だったの! あなたにいっぱい栄養とってもらうために、お料理頑張ろうと思って!
卵は1パック79円だったの! 安いでしょ?
目玉焼き あさ
卵焼き弁当 ひる
オムライス よる
そ、そっかー
おっと!
あっ
シュッ
もったいないから台拭きを使ってよ!
なんだよー、ケチくさいな!

結婚してから私の残業減らしてもらって、お給料減ったから節約しないと！

わかったわかった。お前の節約料理にも期待してるよ
LOVE
その節約、ちょっと待った！

！

そんなに食べ物を買いだめして、使い切れなかったらムダになってしまいます！

それに節約といえば食費だけ？そんなことはありませんよ
たとえばこれ！

クローゼットの中に眠っている洋服たち、安売りで買ったはいいものの、実は着ていないんじゃありませんか？

BIG SALE!!

ギクッ

ものを
ためる人は
お金が貯まり
ませんよ！
本当に必要な
ものだけ買い
ましょうね
はい…
クス
それに
あなた！
ビシッ
オ、オレ？
そのケータイの
料金プラン、
かなり前から
入っているんじゃ
ありませんか？
確かに…
でもそれが
何か？
以前と比べて月の通話時間が少ないなら、
安いプランに変えましょう
Lプラン 7,000円
ネット 通話
Mプラン 5,000円
ネット 通話
Sプラン 3,000円
ネット 通話
固定費の中でも通信費はムダが
見つかりやすいので、今すぐ見直しを！
固定費？
あなたたち、
もしや毎月
自分たちが
何にいくら
使っているのか
知らないのでは？
いわれて
みれば…
どうやら節約の前に
お金の流れを知る
必要がありそうです。
家計管理と節約は
一日にして成らず！
一緒に強い家計を
つくっていきましょう！

LESSON 01

人生のリスクに負けない強い家計をつくろう

人生の〝もしも〟を考えて、それに対応できる家計をつくる

「お金がぜんぜん貯まらない」「給料日前はいつも残高がわずか」……。そんなNG家計の原因は、レジャーも多く、昼も夜もお互いに自由に外食、週末はデート感覚で外出してまた外食といった無計画な出費。これでは独身者が二人一緒に暮らしているのと同じです。この先の家計管理、今のままでいいわけないことは、うすうす気づいていますよね。まだ今は毎月の収入があるからなんとかなっていても、これから先は何が起こるかわかりません。ある日突然給与が大幅カットになったり、リストラや会社倒

●考えておく人生のリスク

- ▶給与カット……ボーナス、残業代カットなど
- ▶会社倒産・リストラ……業績悪化で突然職を失うことも
- ▶病気・ケガ……家族も含めて備えたい
- ▶交通事故……自分が加害者になることも
- ▶災害……地震、火事、津波などの被害
- ▶親の介護……高齢になるほどリスクは高い
- ▶死別・離別……大切な相手だからこそ備えたい

産などで収入の道が閉ざされたり、自分や家族が病気になって治療費がかさむ、親の介護費用がかかるなど、予期せぬ出費が必要になるかもしれません。結婚して夢いっぱいのときに、そんなことはあまり考えたくはないかもしれませんが、人生はそういったリスクと常に背中合わせなのです。

そんな〝もしも〟に備えて、今からできることは、〝もしも〟のことが起こっても簡単に破綻しない強い家計をつくることです。強い家計とは、毎月の貯蓄がちゃんとできていて、さらにそれを継続することで、年々着実に貯蓄額を増やしていける家計です。余裕があるときだけ貯めているというのでは強い家計とはいえません。

収入が少なくても強い家計にすることができる

「うちはそんなに貯金できるほど収入がないから」という理由で、強い家計になれないと思っている人もいることでしょう。収入が多いと確かに貯蓄しやすいように思えるかもしれませんが、余裕があってもムダ遣いが多いために、〝もしも〟のときにもろい家計もあります。強い家計にするには、収入の多い少ないはあまり関係がないのです。

ではどうすれば強い家計にできるのでしょうか。

ボーナスをあてにしない、給料のベースアップも期待しない、これが一番のポイントです。不確かなものをあてにしないで、現状の手取りで家計の土台をつくりましょう。さらに毎月の固定費の見直しも忘れずに行うこと。住宅ローンや水道光熱費、通信費など、毎月決まって出て行くお金が大きいと、もし何かあって給料が減ったときには対応できなくなります。実際、増税や社会保険料の引き上げにより、じわじわと手取りが減る家庭も増えています。

固定費は知らないうちにふくらんでいきがちなので、定期的に見直して、ムダがないかの確認を忘れずに行いましょう。

第2章

LESSON 02

家計簿はお金の流れを把握するための手段と考える

家計簿をつけるだけで満足していては意味がない

毎月の収入が、どのように使われてなくなっていくのか、それを知るには家計簿をつけることをおすすめします。ただし家計簿の目的は日々の収支を細かく記録することではありません。その目的はどこから収入があって、それがどう出て行くのか、「お金の流れ」を把握して、「ムダをなくす」ことです。

家計簿をつけやすくするには、ライフスタイルに合ったタイプを選ぶのがポイントです。家にいる時間が長い人はノート型の家計簿をキッチンに。共働きのため家でじっくりノートを広げる時間がない人は手帳につけるのでもOK。パソコンの家計簿ソフトやスマホアプリでつけるという方法もあります。買い物のたびにレシートをもらって（電子マネーのチャージ領収書や、カード利用の控えも忘れずに）、1週間後にそれらを費目に分けて集計するだけでも、お金の流れは見えてきます。費目が多いと、集計が面倒になりがちなので、**食費・外食費、レジャー費、交際費、被服・美容費、日用品代、医療費、その他**など、7項目ぐらいに抑えるといいでしょう。家計簿は3カ月頑張って続けると平均的なお金の流れが見えてきます。ムダ遣いの原因が見えてきて、安定して貯蓄ができるようになったら、無理に続ける必要はありません。

●基本の家計簿のつけ方と使い方

手取り額	円
貯金	Ⓐ
住居費	円
水道光熱費	円
通信費	円
保険料	円
固定費合計	Ⓑ 円
食費・外食費	円
レジャー費	円
交際費	
被服・美容費	円
日用品代	円
医療費	円
その他	円
流動費合計	Ⓒ 円

夫婦二人分の手取り額を入れる

貯蓄に回す金額を記入。毎月の貯金は先取りの自動積立がおすすめ（→ P82、84）。臨時の支出にも備えて取り分ける（→ P56）。

固定費……毎月決まって支払うお金。家賃や住宅ローンなどの住居費、水道光熱費、携帯電話料金などの通信費、保険料、習い事の月謝、新聞代など。

流動費……毎月使う金額が決まっていないお金。やりくり費ともいい、生活の中で工夫することで節約できる。費目（使うお金の項目）は７つくらいにまとめると管理しやすい。

毎月のお小遣いの金額を決めていれば、固定費として記入する。決めていない場合は手取り額－（Ⓐ＋Ⓑ＋Ⓒ）で残った金額が夫婦のお小遣いとなる。

LESSON

03

家計の赤字を招く臨時支出は毎月の貯蓄で備える

臨時支出用に取り崩せる貯蓄をしておく

固定費や流動費のムダを省いて節約しているのに、毎月の収支が安定しないというご相談を受けます。実際は、いつもどおりの生活をしている限り、月々の生活費はそんなに大きく変わりません。家計が安定しない原因として考えられるのは、毎月かかる生活費以外の「イレギュラーにかかってくる出費」に備えていないということです。

イレギュラーな出費というのは、たとえば年に一度の自動車税や自動車保険、持ち家ならば固定資産税などのこと。ほかに2年に一度の賃貸住宅の更新料や車の車検代、不定期に出ていく慶弔費や旅行代、帰省費用、大物家電の買い替えなどです。これらがかかってくると、毎月の収支のペースが乱れて、いきなり赤字家計となってしまいます。

このような事態を防ぐためには、臨時支出用にお金を取り分けて、取り崩してもいい貯蓄をつくっておくことが大切です。そうすれば、その月だけ急に必要になったお金は生活費とは別のところから補填することができます。

家計管理で重要なのは臨時支出をどう管理するかということです。臨時支出を管理できるようになると、毎月の家計がすっきりして安定します。そうすれば、より強い家計を築くことができるのです。

臨時支出用の取り分け金額は年単位で計算してみる

イレギュラーな出費といっても、各家庭によって出費の理由や金額は違います。まずは昨年の通帳を見ながら（家計簿があるならそれが一番）1年間を振り返ってみましょう。クレジットカードの利用明細書や手帳なども、記憶を呼び戻す手がかりになります。そして**イレギュラーな出費の理由と金額をすべて書き出します。その合計金額を12カ月で割った金額が1カ月に取り分けておくべき金額**になります。結婚1年目でよくわからないという人や、忘れてしまって計算できないという人は、手取り額の8％を目安に毎月取り分けて、臨時支出用に取り崩していい貯蓄をつくっておきましょう。もしこれでも赤字になってしまうようなら、毎月の取り分け金額を増やすか、レジャー費やお小遣いなどの予算を見直して調整しましょう。

●臨時支出の例

1～2年に一度くらいで必要な予算

- 自動車税
- 固定資産税
- 賃貸住宅の更新料
- カードや各種会員の年会費
- 車検代
- 自動車保険料

など

不定期に必要な予算

- 帰省費用
- 旅行費用
- 冠婚葬祭費
- 家具や家電の買い替え

など

LESSON

04

「理想の家計バランス」と比べると家計のムダがわかる

何の支出が多すぎるのか何にいくら使えるのかを知る

結婚前に別々に暮らしていた二人が一緒に暮らすのですから、家賃の負担額は減るはずです。水道光熱費も減るし、食費も自炊すれば減らすことができるでしょう。単純に考えれば、この浮いた分は貯蓄できるわけです。それなのに、まったく貯められないというのであれば、どこかに必ずムダがあるはずです。

家計のムダを発見するために、参考にしていただきたいのが「理想の家計バランス」というものです。これは1カ月の手取り額を、何にどのくらい当てはめると理想的なバランスになるかの目安を表したものです。家計バランスは首都圏と地方で家賃の相場が違うように、地域による違いもあれば、子どもの有無や数などの家族構成による違いもあります。そのため、あくまでも目安と考えてください。

54ページで家計簿をつけてお金の流れを把握する方法を書きましたが、1カ月の収支がわかったら、左のページの家計バランスに当てはめてみましょう。たとえば住居費は25%なので夫婦合わせた月の手取り額が50万円なら、12万5000円（管理費、駐車場代込）以下が目安となります。各項目を理想の割合に照らし合わせて計算し、実際にそれ以上かかっている費目がある場合は見直しが必要です。ただし、住居費は抑えて、その分レジャー費を増やすといったように、調整できるならそれでもかまいません。

食費やレジャー費、被服費など流動費を見直してみる

実際に計算してみて自分たちの家計に占める各項目のバランスはどうだったでしょうか。

もし**住居費や通信費、保険料などの固定費の割合が高いなら、一度見直しをすれば大きな節約効果**が望めます。

食費や被服費、交際費、レジャー費などの流動費が家計バランスを上回っている場合は、何に出費をしていたのかをまずは振り返って考えてみることが大切です。中でも食費の節約は効果的です。外食回数を減らして自炊し、家での食事を増やせば、かなり食費を減らすことは可能です。ただし食費の節約は健康を考えて、やりすぎには注意しましょう。

●理想の家計バランスと比較してみよう

費目	手取り額に占める割合の目安
貯蓄（貯蓄型の保険料なども含む）	15％
住居費	25％
水道光熱費	5％
通信費（携帯電話・固定電話・インターネット回線費含む）	4％
保険料	3％
食費	15％
レジャー・交際費	5％
被服・日用品代	5％
夫婦のお小遣い	15％
臨時支出代	8％

※子どものいない新婚夫婦家庭の場合を想定
※車を所有している場合は、ガソリン代や自動車保険料などを含む「車費」として5％を目安に「レジャー・交際費」「被服・日用品代」などの割合から捻出

LESSON 05

家計のムダを減らすコツをおさえよう

ムダ遣いを減らすコツ❶ 具体的に支出を振り返る

レシートを集めたり、家計簿をつけていると、なぜかいつもお金が減っていた原因がわかってきます。たとえば、コンビニに行って朝食のパンを買うつもりが、ついでに雑誌やお菓子を買っていたり、スーパーで豆腐を買ってきたら冷蔵庫にあったなど、貯蓄ができないと嘆いている人は、そんなムダな出費の経験が山ほどあるのではないでしょうか。

　このようなムダ遣いをなくしていくためには、レシートの項目ひとつひとつをじっくり見直すことがポイントとなります。

　まずは**レシートを見ながら、本当に必要だったものには○、買わなくても間に合ったものには△、買う必要がなかったものには×をつけて**いきます。さあ、△や×はどのくらいついたでしょうか。マークがついたら△と×がついた金額を合計してみましょう。さらに1週間分のレシートに同じように印をつけ、△と×のついた合計金額を計算します。×は節約すべきもの、△は節約できるものです。この金額が多いほど、ムダが多いということになります。次回から×は買わない、△はじっくり検討してから買うようにしていくと、だんだんムダ遣いは減らすことができます。また、事前に携帯電話で冷蔵庫やクローゼット内の写真を撮っておくと同じ買い物を避

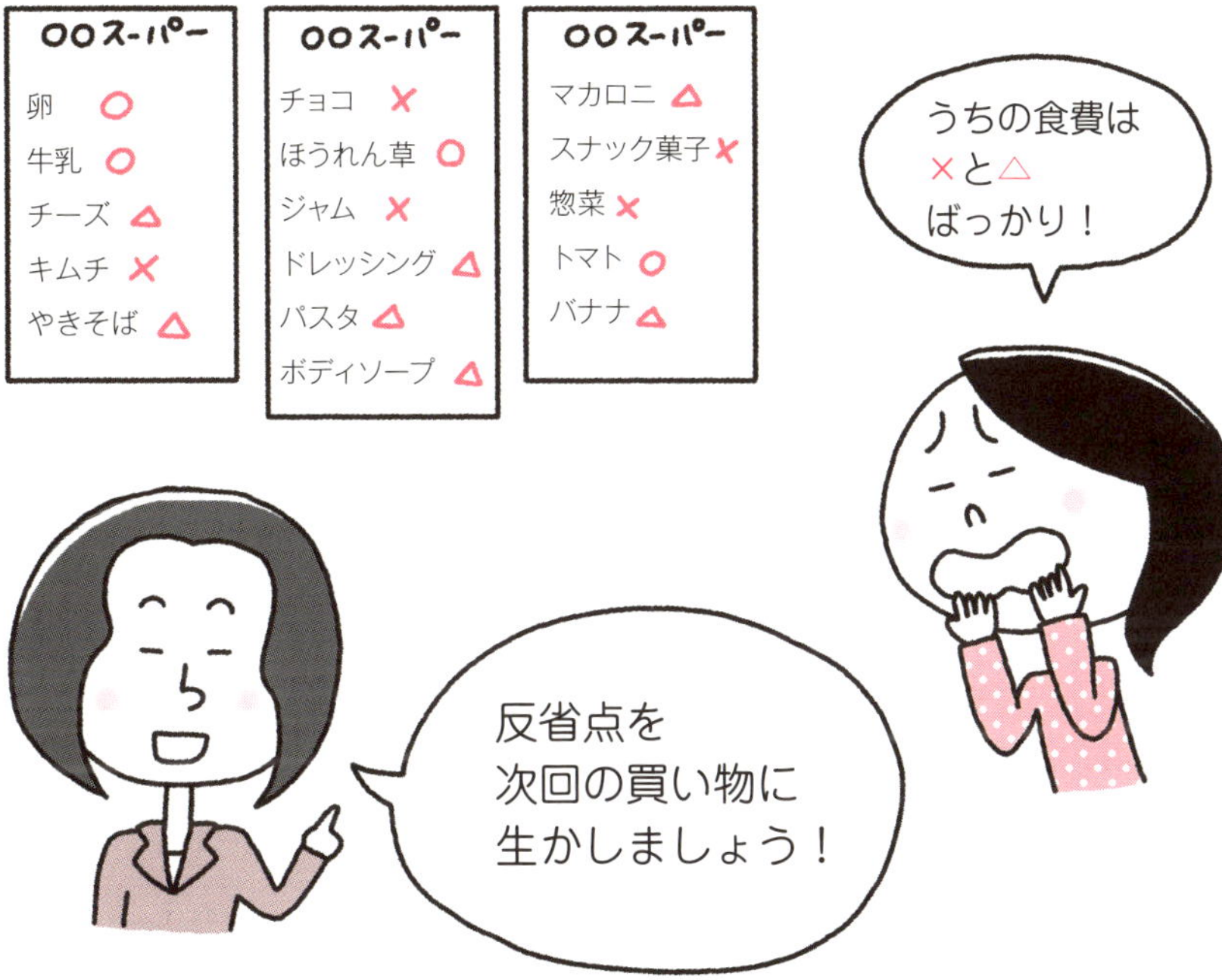

けられますよ。

ムダ遣いを減らすコツ❷ 自分のムダ遣い癖を分析

過去の出費を見ていくと、自分のムダ遣い癖がだんだん見えてきます。安売りという甘い言葉に弱くてついつい不要なものまで買ってしまう人、人付き合いがよすぎて断れずに交際費を使いすぎている人、同じような洋服やアクセサリーをいくつも買ってしまう人など、こんなムダ遣い癖、身に覚えはありませんか。

わかっていてもやってしまうのが、このムダ遣い癖ですが、せっかく気がついたのですから、今こそこのムダ遣い癖を断ち切らなければなりません。その費目が家計バランスをオーバーしていて、なおかつほかでバランスがとれずに家計を圧迫しているならなおさら。自分のムダ遣い癖から目をそむけずに、克服してくださいね。

LESSON 06

ムダ遣いが見えづらくなる「カード費」は厳禁！

家計簿にカード費があるならすぐに訂正しましょう

上の家計シートは、私のところに家計相談に来たNさんに、1カ月の家計シートを書いてきてもらったものです。これには大きな問題点がありますが、どこなのかわかりますか。

それはカード費という項目です。この月のカード費9万2000円はいったい何に使った費用なのでしょうか。その内訳はというと、毎月Nさんは夫婦二人分の保険料1万4000円と携帯料金1万2000円をクレジットカード払いにしています。さらにこの月は洋服やネット通販で買ったス

● Nさん夫婦家計シート

費目	金額
住居費	93,000円
水道光熱費	17,000円
新聞代	4,000円
カード費	92,000円
食費	53,000円
洋服代	4,000円
レジャー費	13,000円
美容費	5,000円
雑費	8,000円
支出合計	289,000円

ピーカー、手持ちがなくてスーパーの食料品代もこのカードで支払ったそうです。

家計簿に洋服代４０００円となっていますが、カードで支払った分を合わせると、合計は4万円以上になっていました。これでは家計簿につけている洋服代の意味がありません。食料品を買った代金は食費ですが、カード費はカードを買った費用ではありませんね。つまりカード費という項目は存在してはいけないものなのです。

カードは使ったあとの管理をしっかりと

カードは現金を管理しなくてもいいし、ポイントも貯まるので、38ページで説明したとおり、上手に使えばメリットはいろいろあります。しかし、何をいくら買ったのかわからなくなっていては、家計管理はおろか、家計を脅かす恐ろしい存在になってしまいます。

カードを使ったら、もらったレシートを見て、買い物をしたその日に家計簿に正しい費目で記録しておきましょう。洋服を買ったのなら、それは洋服代に、食品を買ったのなら食費になります。そうすれば何にいくら使っているかを把握でき、使いすぎを見直すことができます。

また**カードを使ったら、その分の現金をその月のお小遣いや生活費から取り分けておきましょう**。クレジットカードの引き落としは利用月の1カ月遅れになるので、その分をしっかり口座に入れておくようにしなくてはなりません。

カードは使うときは簡単ですが、使ったあとの管理はきちんとしておかなくてはならないのです。もしこのような管理がどうしても面倒というなら、クレジットカードは利用しないことをおすすめします。カードで貯まるポイントよりも、カードを使った衝動買いを減らしたほうが、ずっと家計改善効果があるというものです。

LESSON

07

不要なものは処分して、ほしいものには優先順位をつける

ものをためる人は、お金が貯まらない人

あなたはいらないものはすぐに捨てるタイプですか、それとも物持ちがいいタイプですか？　左ページのチェックシートで、自分に当てはまる項目をチェックしてみましょう。チェックが0〜2の人は思い切りよく捨てるタイプ、チェックが3〜10の人は物持ちがいいタイプです。では、お金が貯まりやすいのはどちらのタイプなのでしょうか？

実はお金が貯まりやすいのは、ものを思い切りよく捨てるタイプなのです。一見、物持ちがいいタイプのほうが、ものを大切にしているように思いがちです。しかし実際には使わないものが部屋にごちゃごちゃとあふれている傾向があります。ものが多くて片付かない部屋にいると、必要なときに必要なものが見つからずに同じものを買ってしまったり、クローゼットの中から同じような服が何枚も出てきたりすることも。これではものを大切にしているとはいえません。「物持ちがいい＝ものを大切にしている」というわけではないのです。

それに対してものを思い切りよく捨てるというのは、もったいないことをしているように思いがちです。しかしものを捨ててすっきりした部屋にいる人のほうが、自分が今大切にしているものや、好きなものに囲まれて、ストレスなく暮らしている傾向が

あります。節約しようと決心したならば、まずは思い切って不要なものを処分しましょう。ムダなものを省いてすっきりとさせて、新たな気持ちでムダな出費をしない生活をスタートさせましょう。

ほしいものには優先順位をつけてから購入を

ムダ遣いが多い人のもうひとつの特徴は、ほしいものがたくさんあるということ。洋服やバッグがほしい、コンサートにも行きたいし、旅行もしたい……。ほしいものを次々に手に入れていたのでは、お金なんて貯まるわけはありません。

ほしいものがたくさんあるときは、2つのものを比較して、どちらがより必要か考えましょう。あれもこれもではなく、**優先順位をつけ、今一番必要なものを買うようにしましょう。優先順位の低いものは、意外に時間がたてば簡単にあきらめられる**ものですよ。

●あなたはお金が貯まりにくい人？　チェックシート

チェックが多いほど、ものをためてしまい、お金が貯まりにくい人である可能性が高くなります。

- □ クローゼットの中に、1年以上着ていない服が何枚もある
- □ 同じ本を気づかずに2冊買ってしまったことがある
- □ いつもらったのかわからない化粧品のサンプルが多い
- □ イベントのチケットや冊子を思い出の品として取っておく
- □ ペン立てに書けないペンが5本以上ある
- □ 半年以上前の雑誌が5冊以上ある
- □ もらったショップ袋や包装紙がなかなか捨てられない
- □ 100円ショップに行くと、1,000円以上買い物をすることが多い
- □ 何かコレクションしているものがある
- □ ビニール傘を3本以上持っている

LESSON 08

固定費の見直しは、まず通信費からはじめよう

携帯電話ショップでチェック！
最近は通話をあまりされていないので、もっと安いプランで大丈夫ですね！
本当ですか！?

通信費は最低でも年に1回は見直しをする

家計簿をつけて、毎日のムダ遣いが減ってきても、毎月決まって出て行く「固定費」の額が大きいとお金を貯めるのは大変です。固定費とは以下の出費のことで、月々で多少変動するものがありますが、ここでは固定費として扱います。

- 住居費…家賃や住宅ローン・管理費など
- 水道光熱費…水道・電気・ガス代
- 保険料…生命保険や損害保険料
- 通信費…固定電話や携帯電話、インターネットのプロバイダー料金など

●車費…自動車ローンや駐車場代
●教育費…習い事などの月謝

家計診断をしていて、これら固定費の中で家計に占める割合が高くなってきていると感じるのが通信費。携帯電話の通話料と一緒に引き落とされている本体代金、契約時につけたけれどまったく使っていないオプション料金など毎月の通信費の内訳を確認していない人は意外と多いのではないでしょうか。

携帯電話を買い替えてから1年以上経っている人は、携帯電話ショップに行って、料金プランの見直しを相談してみましょう。固定電話と携帯電話を同じ会社にそろえて割引プランを使う、家族や友人と同じ会社に変えて通話料を節約するなど、契約会社を変えることも検討してみましょう。

通信費はトータルで見直せば、大きな節約効果が期待できる

昔は通信費といえば固定電話料金だけでしたが、今はそれにプラスして、家族の人数分の携帯電話料金、インターネット接続料、プロバイダー料金などが、家計の大きな負担となっています。もしこれらの一部だけでもまとめられたら通信費の節約になりますね。

そこで有効活用したいのが「テザリング」です。テザリングとは、スマートフォンなどに内蔵されている通信機能を中継点とすることで、ほかの通信機器をインターネットに接続すること。この機能を活用すれば、あらためてWi-Fiルーターなどのデータ通信端末を使わなくてもインターネットに接続できるのです。自宅でもこのテザリングを利用すれば、従来のプロバイダーを解約できるので、それだけでも大きな固定費カットにつながります。

このように**通信費は携帯電話、固定電話、インターネットとトータルで見直す**ことがおすすめです。通信費は一度見直せば毎月の節約につながるので、やってみる価値は大きいですよ。

LESSON 09

予算管理が苦手な人には袋分けがおすすめ

袋分けで月々のお金の使い方のペースをつかむ

1カ月に使えるお金がどのくらいかわかっているつもりでも、その使うペースがわからずに月の途中で予算オーバーなんてことはありませんか。そんな人におすすめなのが、お金の袋分け管理です。

まずは手取り額から固定費と先取り貯蓄、お小遣い分を引き、1カ月に使えるお金の金額を出します。その金額を給料日に引き出してきて、5分割して封筒に入れます。あとは1週間をひと袋の金額でやりくりするだけ。週末に足りなくなっても、ほかの封筒から前借りは原則として禁止です。予算内でなんとかするように頑張りましょう。残高が目に見えるので、ムダ遣い防止にとても効果的です。しかも予算どおりに1週間をすごせると、達成感も味わえてそれが自信にもなります。ちなみにお金を入れる袋は、普通の封筒でもいいのですが、中が見えるファスナー式透明袋もおすすめです。

1カ月を5週に分けているので、最後の週はお金が余る計算になっています。この余ったお金は貯蓄や予備費、ご褒美としてお楽しみに使ってもいいでしょう。「1カ月で使えるお金」だと管理が難しくても、「1週間で使えるお金」ならばわりと簡単なのでぜひ試してみてください。

最初のうちは週末の食卓がかなり地味になるかも

●袋分けの予算管理

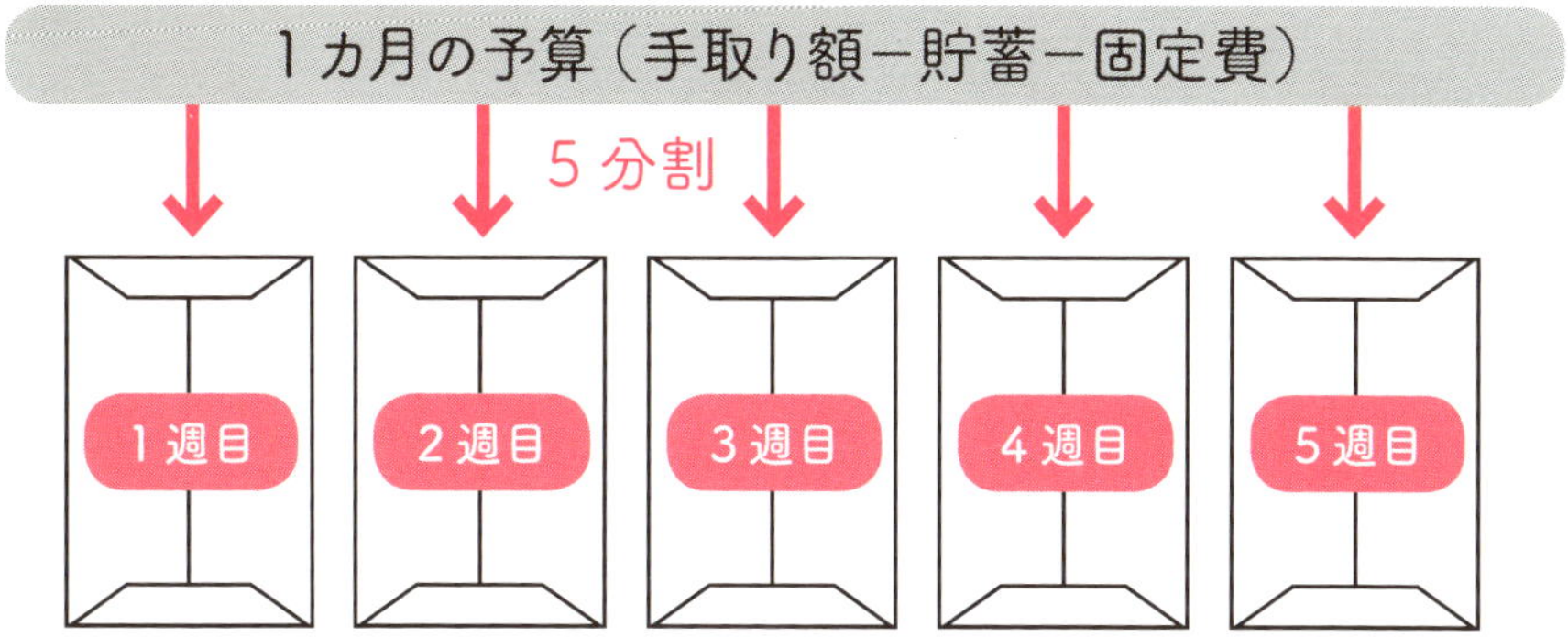

袋分けのやり方

封筒を5枚用意し、それぞれ表面に1週目、2週目、3週目、4週目、5週目と書く。そこに1カ月の予算（手取り額－貯蓄－固定費）を5等分した金額をそれぞれ入れる。1週間に一度、封筒からお金をお財布に移して、その予算内で生活する。もし残っても、次の週の予算には繰り越さないこと。

しれませんが、慣れてくるとお金を使うペースがつかめてくるはずです。

お金の使い方に慣れてきたら封筒をなくしても大丈夫

限られたお金の中でやりくりしていくことで、コンビニでのちょっとした買い物や、スーパーで食品を買いすぎて腐らせるなどのムダ遣いが減り、お金の使い方がスリムになってきます。それを半年も続けていくと、自然と毎月使う生活費が一定になってきます。こうなったら、もうムダ遣いのレッテルは返上です。

袋分けは、流動費を使う配分がわからない人のための形式で、目的は出費をコントロールすることです。それができるようになったなら、もう袋分けをしなくても大丈夫です。

外食を楽しんだら、ほしい洋服は翌週以降に買うなど工夫して、ペース配分を楽しみましょう。

LESSON

10

節約は大切、でもお互いに無理のない生活も大切に

途中で挫折しないために頑張りすぎは禁物

お金を貯めるために、夫婦で協力して節約をするのは大賛成です。しかし、節約が目的になってしまうと、気持ちにゆとりがなくなって暮らしがつまらないものになってしまいます。我慢することばかりでなく、お金を使うところと抑えるところを決めて、生活にメリハリをつけることをおすすめします。

あれもダメ、これもダメでは節約生活は続きません。節約は続けることが大事。お互いの価値観を尊重して心のよりどころをつくり、無理なく節約を続けられる工夫をしていきましょう。

節約するのはお金だけじゃない時間も体力も節約を

ムダ遣いをなくすのは、お金に限ったことではありません。仕事帰りの疲れた体でスーパーによって、重い食材を持ち帰る、これはかなり重労働。せっかく底値で買い物しても、そこで疲れて栄養ドリンクを買って飲んだのでは、とんだ出費になってしまいます。こんな「買い物疲れ」を避けるためにも、ムダな時間と労力を使わない工夫もしていきましょう。

最近は自宅まで買った商品を届けてくれるネットスーパーも増えています。時間のあるときにインターネットで注文すれば、希望の日時に自宅まで配

送してくれるシステム。中には「先着100名」といった広告掲載商品も、自宅にいながら同じ価格で買えるところもあります。なにより、合計金額を確認しながら買い物ができるので、買いすぎを防いで出費を抑えることができます。

また、コンビニも最近は食材を調達しやすくなりました。プライベートブランドも数多く取り揃えられていて、意外に価格もローコスト。わざわざ仕事帰りに遠くの安売りスーパーまで足を延ばしてぐったり疲れ果てるより、コンビニで間に合わせたほうがいい場合もあるのです。

お金の節約は大切です。しかしそれに加えて**自分の体力や時間の節約も考える**ようにしましょう。体力が維持できなければ、せっかく安く食材を買い揃えてあっても、つくる気力がわかずに外食なんてことにもなりかねません。

いろいろな意味で、節約は頑張りすぎないことも大切ですね。

column 2

増えるペット費用、家計の５％以内におさめよう

大切な家族の一員として、飼い主に癒しを与えてくれるペット。夫婦で犬や猫をかわいがっている皆さんも多いことでしょう。毎月のムダな出費には目を光らせているけれど、ペットにかかるお金はあまり気にしていないという人も案外多いかもしれませんね。

ペット費用といえば、ひと昔前まではフードやおやつ代、ワクチン代をはじめ、おもちゃ、ペットシーツ、トイレ用品といった日用品などが主。最近ではこれらに加えて病気やケガの治療代、シャンプー・カットなどの美容代、ペットを置いて旅行や外出をする際のペットホテルやペットシッター代も増えてきています。特に、愛犬家の間ではしつけ・トレーニング代、ドッグラン、ペットと一緒に泊まれるホテルなどの費用も近年急増し、愛犬にかける平均費用は年間30万円以上というデータもあります。年間約30万円とすると、１カ月あたりの費用は約２万５０００円。これは夫婦の手取り額が合計40万円の場合、家計の6.2％に相当する額です。生活に無理のないペット費用は、家計の５％以内が目安とされています。つまり手取り額が合計40万円の夫婦なら、毎月２万円以内におさめるのが理想です。

ペット費用が毎月家計の５％以上を超えているようなら、被服・美容費やレジャー費など節約できる部分を節約して、生活費のほかの支出を抑えるなど、貯蓄に回す分に影響が出ないように、上手にコントロールしましょう。

LESSON

第3章

お金の増やし方・貯め方

かんぱーい！
いやー、N社さんの契約無事にとれて本当によかったですね
本当だよな、めでたいから今日は久々に思いっきり飲もう！
そういえば、先輩と飲むのいつ以来でしたっけ？
最近先輩残業してもまっすぐ家に帰ってますね
ああ、うちの奥さんしっかりしてて
貯金を毎月してるから、契約とれたときだけは飲んでいいルールなんだ
へえー、それは大変ですね。うちの奥さんは最近節約を覚えてはりきってますけど
お前のところだって貯金ぐらいしてるだろ。子どもができる前が一番貯金しやすいらしいからな
まぁ、多分してると思いますけど…先輩はいくら貯めてるんですか？
目標には全然まだまだだけど、月に6万は貯めてるな。ボーナスも半分貯金してるし！
6万

えーー！ボーナスまで!? そんなに貯めて何に使うんですか？
子どもができたら家を買うために定期で貯めてるんだ。
そのうち投資でもして老後のためにもっと貯蓄を増やしたいな
ひえー。そんなに先のことまで！
翌日
ってなことがあってさ、先輩も奥さんもすげーよな
本当ね！うらやましい…
でもうちだって最近節約してるし、順調にお金貯まってるんじゃない？
そ、それが…
おいおい、今貯金いくらあるんだよ？
え、えーと、今月はこのくらい？
10,232
！

えーー！
先輩の家の6分の1!?
先輩と入社2年しか違わないから給料そんなに変わらないのに
でも、先生に会ってからちゃんと節約してるし、ムダ遣いしないように注意してるのよ…
こんなんじゃ先輩はあっという間に幸せな家庭になって、
うちは一生貧乏暮らし!? どうしたらいいんだー？
そんなことでは大事な貯めどきを逃してしまいますよ！
あ、いつのまに！
あなたたちは貯金に対する考え方が間違っています！
ハフハフ
いいですか？ このつみれを今食べたいだけ食べて、あとで残った分を明日食べようと思っていても、
つみれ鍋
おなかがすいていたらある分を全部食べてしまいますよね！
はーっ食った！
完

貯金もそれと同じ！残ったら貯めようでは貯まりません
だから、先に貯める分を取っておくんですね
あ、なるほど！
それに、何のために取っておくのか、どのくらい取っておくといいのかを考えることも大切ですね
わかりました！じゃあこれは明日の朝ごはん、こっちはお弁当用に…
いえ、今のはつみれじゃなくてお金の話よ！
貯金もしっかり目標を立てて考えましょうね
はい！
もう…
何のための貯金かわかれば、それに合わせた貯め方ができます！
HOUSE
CAR
BABY
TRAVEL
上手に貯めてお金を増やしましょう

LESSON 01

人生に3回ある「貯めどき」の1回目はまさに今！

結婚後にやってくる、貯めどきを逃さずに

結婚後しばらくは、恋人気分で楽しんでいたい時期でしょう。気持ちはわかりますが、ことお金に関しては、そうもいってはいられません。

結婚後の長い生活の中で、3回お金の貯めどきがやってくるといわれています。1回目は結婚後から子どもが生まれるまでの間です。子どもの養育費も教育費もかからないので、その分しっかり貯蓄できます。2回目は子どもが小学校に入学するまでの時期。子どもが小さいうちは、教育費が比較的抑えられます。ただし、私立幼稚園に入園すると教育費が月に3万円前後かかるので、その場合は入園前が貯めどきになります。共働きの場合は、育児休業明けがこらえどきです。子どもが0～2歳の間の保育料は高いですが、3歳以降は保育料も安くなり、貯めやすくなります（➡P172）。3回目は子どもが学校を卒業してから、夫婦が定年を迎えるまでの間です。この時期は子どもの教育費がなくなり、その分を貯蓄に回すことができます。

人によってどこにボリュームを置くかは違いますが、この3回のどこかでしっかりと貯めておく必要があります。そしてお気付きだと思いますが、結婚したばかりの今、まさに最初の貯めどきにいるのです。

最も貯めやすい時期は、子どものいない結婚直後！

1回目の貯めどきにいる皆さん、今が最強の貯めどきであることをもっと自覚しましょう。**子どもにお金も手もかからない今は、夫婦の支出のコントロールもしやすく、さらには夫婦ともにフルタイムでバリバリ働くことができる時期**です。

結婚生活のスタート時に、夫婦でどうお金を管理していくかをしっかり決め、貯める体制を整えておけば、これから先の結婚生活は確実に変わります。今を独身時代の延長のように気楽にすごしていては、浪費癖がついて、あとから軌道修正するのは大変です。今の貯めどきを逃さず、何のために、いつまでに、いくら貯めるのか、夫婦で共通の目標を定めましょう。そして、自動積立（⬇P84）や投信積立（⬇P94）などを目的に合わせて活用し、二人で将来のための準備をすすめていきましょう。

LESSON 02

お金の貯め方の3つの輪は「貯蓄」「保険」「投資」

お金を貯めるには3つの輪を上手に活用

私は「貯蓄」「保険」「投資」の3つの輪でお金を貯めることをおすすめしています。まず、最初にはじめるのは、やはり一番馴染《なじ》みのある「貯蓄」です。

貯蓄のいい点は、元本割れしないこと。いつでも必要なときに出し入れすることができる点もメリットです。病気やケガ、冠婚葬祭などの急な出費に備えるには、すぐに引き出せる貯金があると安心。20万円程度は何かあったときにすぐに使えるお金として普通預金をしておきましょう。

また、来年行こうと思っている旅行用のお金や引越し資金など、2〜3年以内に使う予定が決まっているお金も、元本割れしない預貯金で貯めておくこと。この場合は、**金利が高めの定期預金やネット定期**などを利用して確実に貯めましょう。

2つ目の輪は「保険」です。最近は安く入れる掛け捨ての保険が多いので、「保険＝掛け捨て」という印象が強いかもしれませんが、**個人年金保険、終身保険、学資保険など貯蓄性のある保険**もあります。貯蓄性のある保険の保険料を毎月銀行口座引き落としで支払うと、自動積立の感覚で貯められます。

また、貯蓄性のある保険は、保険契約時に将来の受取額が決まります。ですから、中身をよく検討して保険に入れば、確実にお金を貯めることができま

●お金を貯める3つの輪

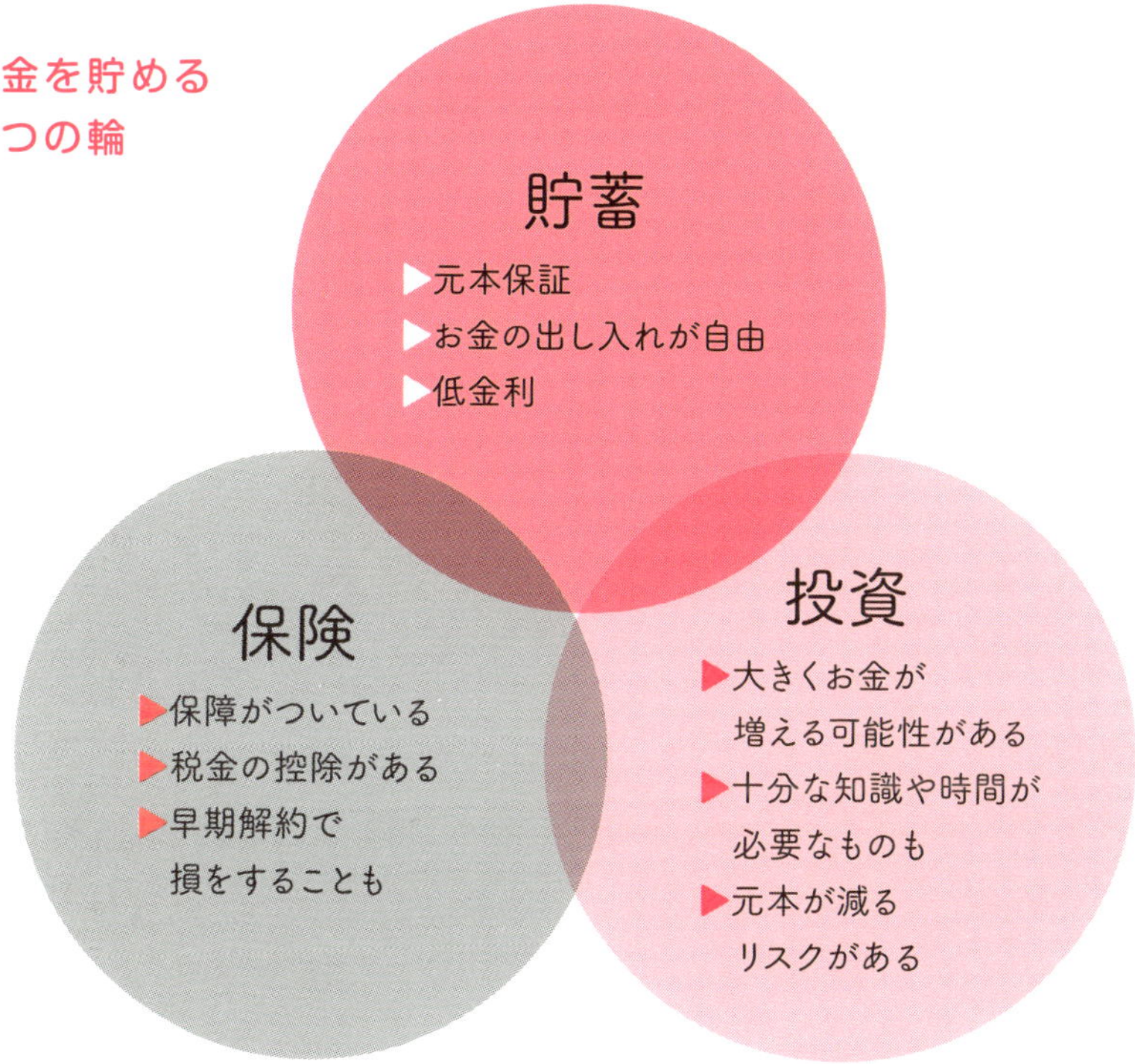
貯蓄
▶元本保証
▶お金の出し入れが自由
▶低金利
保険
▶保障がついている
▶税金の控除がある
▶早期解約で損をすることも
投資
▶大きくお金が増える可能性がある
▶十分な知識や時間が必要なものも
▶元本が減るリスクがある

す。さらに保険は保障がついているだけでなく、「生命保険料控除」（⬇P193）という税金の優遇もあります。これは毎年10月ごろに保険会社から送られてくる「生命保険料控除証明書」を会社の年末調整のときに提出すると、所得税や住民税が安くなるというものです。

ただし保険は途中で解約すると損をするのが一般的。長期で続けるものなので、月々無理なく積立できる金額の保険を選びましょう。

3つ目の輪は「投資」です。投資は元本が減るリスクもありますが、増える可能性も期待できます。リスクを抑えた資産形成を目的とするなら、**投資信託や外貨MMF**を使って、毎月一定額を買い増していく投信積立（⬇P94）をおすすめします。

将来の受取額が約束されていない投資は、なくなっても困らない余裕資金の運用に向いています。老後資金や時期の決まっていない旅行費用などを貯めるのに活用するといいでしょう。

LESSON 03

「残ったら貯金」は貯まらない！貯金は先取りで考える

お金が貯まらない人にありがちな貯金の考え方

「頑張って節約していても、貯金ができない」「貯金しようと思っていてもお金が足りなくなって貯金できない」とは、相談者からよく聞くお悩みです。貯金をしようとする意思はあってもできていないのは、なぜなのでしょうか。それは貯金に対する考え方が、根本的に間違っているからです。

給料をもらったら、固定費や食費などの流動費を差し引き、残った金額を貯金しようと思ってはいませんか。ところが、この方法では毎月お金が残るどころかマイナスになることも。「カード代が引き落とされたら残高がなくなってしまった」「貯金しようとお財布にお金を入れていたのにいつのまにか使ってしまっていた」なんてこともありがちです。

もうひとつ貯められない人のパターンは、「給料が上がったら貯金をしよう」とか、「余裕のある月には貯金をしよう」という考え方です。この場合もいつになったら貯金できるかわかりません。貯金とは収入の多い少ないに関係なく、結婚したら毎月していくものだと認識しましょう。

貯金は「先取り」が基本考え方を改めて

毎月確実に必要な貯金をするためには、給料をも

●貯金の考え方をチェンジしよう

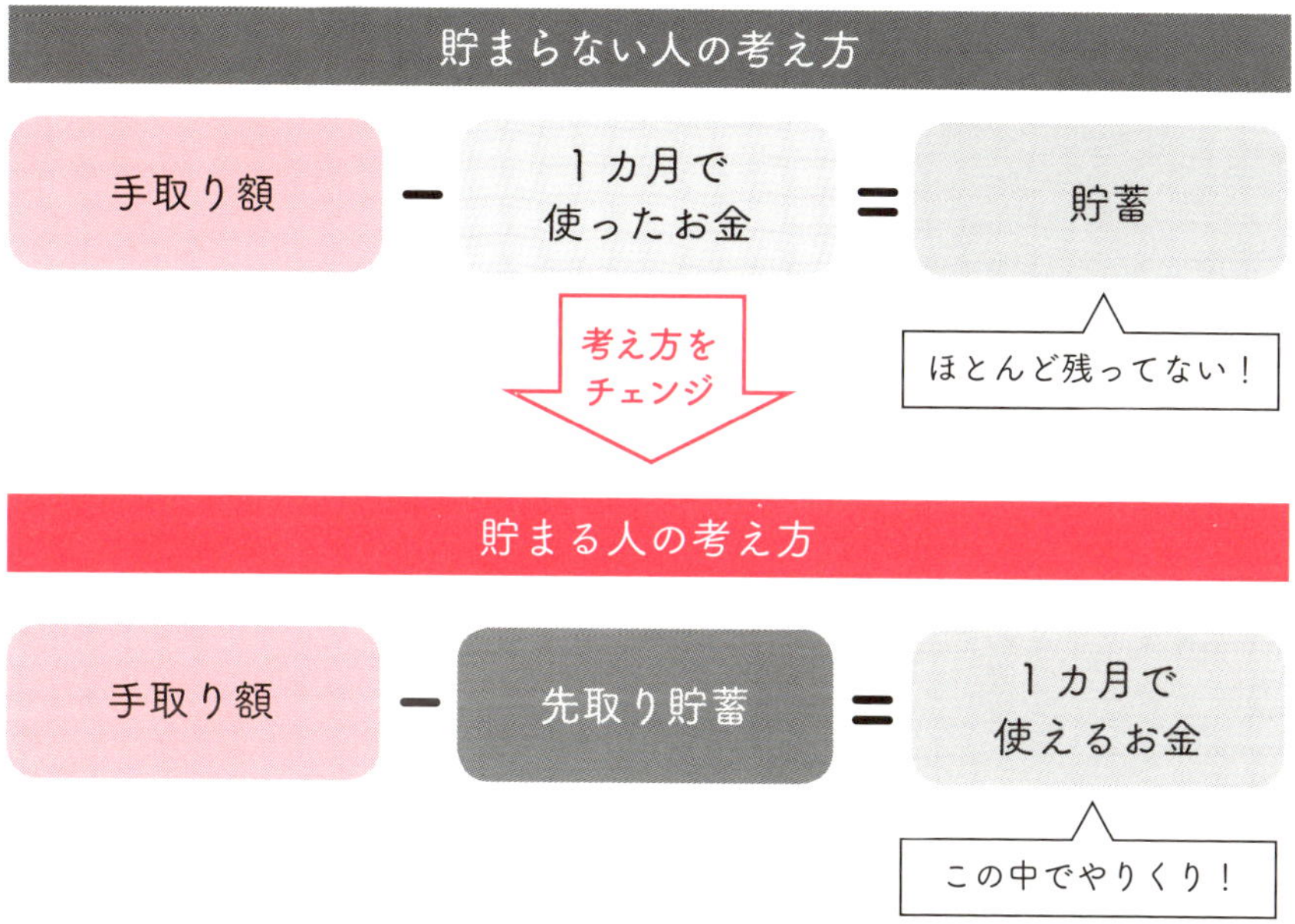

らったら貯金を後回しにしないことが基本です。「先取り貯蓄」とは、**毎月の手取り額の中から先に一定額を貯めておく**ことをいいます。給料日の直後に、貯金を「先取り」して、その残りで生活をやりくりしましょう。

先取りして貯めていく貯金には絶対に手をつけない約束も夫婦でしっかりと守りましょう。共働きで夫婦別々の口座に貯金をしていると、片方が貯めていたお金を使ってしまっていたなんてことも実はよくあります。パートナーがしっかり貯金しているだろうと油断していると裏切られてしまうことも。そうならないよう、引き出しにくい預け先を選び、残高の定期的な報告を二人でできると安心です。これを守れたら、あなたも貯められる人になれます。

ちょっと自信がない、意志が弱くて心配という人には、強制的に貯める方法もあります。次のテーマでは、自動的にお金が貯まる仕組みのつくり方を紹介していきましょう。

LESSON 04

自動的にお金が貯まる仕組みをつくって確実に貯める

●貯まる仕組みの5ステップ

1. 給料入金
↓
2. 銀行の自動積立で先取り貯蓄
↓ 急な出費など
3. 臨時支出に備えて取り分ける
↓ 光熱費・家賃など
4. 引き落とし分を口座に残す
↓
5. 残りの生活費を現金で管理する

貯金のペースがつかめない人でも貯金ができる仕組みづくり

なかなか貯金のペースがつかめないという人は、強制的にお金が貯まる仕組みをつくってしまうのが一番。まずは給料日に給料が振り込まれたら、その日もしくは翌日に、銀行などで行っている自動積立定期預金に必要な貯金分の金額を入れてしまいます。入れるといっても、自分で行うわけではなく、**銀行の窓口で自動積立の手続きさえしておけば自動的にお金が移動してくれます**。給与口座がある銀行に、通帳と印鑑を持って行き、窓口で引き落とし日と毎月の積立額を指定すれば手続き完了。給料日またはその直後を積立の引き落とし日に設定すれば、残高不足で積立ができないことにもなりませんね。忙しくても、天気が悪くても、振り込まれた給料から決まった一定金額がちゃんと貯めるほうの口座に移動するので、この方法ならば確実に貯めることができます。

勤務先に給料から天引きして行う財形貯蓄や社内預金があれば、それを利用しましょう。金利上乗せなどの優遇があるかもしれないので、詳しくは会社で聞いてみるといいでしょう。

貯まる仕組みができると毎月の生活費も一定に

自動積立で貯めていくのは、将来のために取り崩してはいけない貯蓄です。これとは別に、冠婚葬祭や家電の買い替え、旅行、帰省など、臨時の支出に備えた、取り崩してもいい貯蓄もしておくといいでしょう。そうしておけば、何かあったときに月々の生活費が足りなくなることを防げます。

まずは臨時支出が1年間にどのくらいあるか、予想を立てましょう（⬇P56）。その金額をボーナスから半分、月の手取りから半分といった配分で貯めておくことをおすすめします。

ここまできた段階で口座に残っている金額が、今月の生活費です。こうしていくと月々のお金の流れがわかりやすく見えてきますね。そして生活費のうち、家賃や水道光熱費、通信費など、口座引き落としの総額を口座に残したら、あとはすべて下ろしてしまいましょう。必要な額だけそのつど引き出していると、いくら使っているのかわからなくなるので、1カ月分の現金はまとめて下ろして、食費や雑費などは、現金で管理することをおすすめします。

この方法を続けていくと毎月の生活費（流動費）がある程度一定の金額になってきます。支出が一定になれば、貯蓄や将来のライフプランもぐっと立てやすくなりますよ。

第3章

LESSON

05

貯蓄額の目標を決めると貯金の計画が見えてくる

目標額を決めて積立額を逆算しよう

先取り貯蓄ができるようになり、貯められない人から少しずつでも貯められる人へと変わってきたら、もっと貯められる家計を目指しましょう。

1年間に貯蓄してほしい金額は、年間の手取り額に対して15％。貯めどきの新婚夫婦ならば20％以上も可能です。最初は15％から考えてみましょう。

たとえば年間の手取り額が300万円ならば、その15％である45万円が1年間に貯められる金額に、400万円ならば60万円、500万円ならば75万円になります。ボーナスを考えないとすると、それを12で割った金額が月々の貯金額になります。

さあ、この方法でいくと、100万円貯めるのにどのくらいかかるのでしょうか。年収に合わせた100万円貯蓄にかかる月数を次のページに表にしたので参考にしてください。

年収から月々の貯蓄額を決める方法とは別に、目標額を先に決めてそれに合わせて月々の貯蓄額を決める方法もあります。たとえば**3年後に200万円ほしいと思ったら、1年間に貯める金額は約67万円**。ボーナスと併用するなら月に4万円×12カ月、ボーナス月は9万5000円ずつ上乗せすれば2回で19万円プラスになります。これを3年続ければ目標額達成です。1年間に100万円貯めたい場合は、

●年収別100万円を貯めるまで

（手取りの15％を貯める場合）

年収（手取り）	年間貯蓄額	ひと月の積立額	100万円貯まるまでにかかる期間
300万円	45万円	3万7,500円	2年3カ月
400万円	60万円	5万円	1年8カ月
500万円	75万円	6万2,500円	1年4カ月
600万円	90万円	7万5,000円	1年2カ月
700万円	105万円	8万7,500円	1年

（手取りの20％を貯める場合）

年収（手取り）	年間貯蓄額	ひと月の積立額	100万円貯まるまでにかかる期間
300万円	60万円	5万円	1年8カ月
400万円	80万円	6万7,000円	1年3カ月
500万円	100万円	8万4,000円	1年
600万円	120万円	10万円	10カ月
700万円	140万円	11万7,000円	9カ月

1カ月平均8万5000円、ボーナス月に上乗せするなら、月々5万円ずつと、ボーナス月に20万円ずつ上乗せするのでもいいでしょう。

貯蓄額が100万円を超えると、通帳のゼロの数が多くなり、心理的に崩したくなくなるといわれています。まとまった金額が貯まってくると、貯金がもっと楽しみになってくることでしょう。

貯蓄のペースを上げるタイミングを見極める

貯蓄のペースはどんなタイミングでアップさせたらいいのでしょうか。たとえば給料がベースアップしたら、その昇給分の半分は貯蓄額に加えましょう。収入が同じ状態で貯蓄額を上げると、生活が厳しくなりますが、昇給のときでしたら負担に感じることなく貯蓄額を上げられるはずです。ほかにも、人生の貯めどき（↓P78）を考えながら、貯金のペース配分をするのもおすすめです。

LESSON

06

ボーナスや残業代は半分貯蓄 残り半分は意味のある使い方を

ボーナスは半分使って半分は貯蓄に回す

ボーナスをあてにして、カード払いで買い物をしていませんか？　もしそうなら、すぐにやめること。ボーナスは毎回支給額が変わり、会社の業績次第で「今回はなし！」なんてこともあります。そんなボーナスをあてにしていると、お金が貯まらないどころか、赤字家計を招くもとに。家計管理で大切なことは、ボーナスに頼らない家計にすることです。

ではボーナスはどう利用したらいいのでしょうか。私がおすすめしている**ボーナスの使い方は、貯蓄と使うお金で半分に分けて考える**方法です。まず半分はボーナスでしかできない有意義な使い方をしましょう。以前からずっとほしかったものを買ったり、旅行に行ったり、習いごとや資格取得などの自己投資もいいですね。ダラダラとムダ遣いしたり、生活費の赤字補填に使うのはやめること。せっかくのまとまったお金を使えるチャンスが台無しになってしまいます。もしすぐに使う予定がなければ、臨時支出代にプラスして取り分けておくといいでしょう。

残りの半分はやはり貯蓄に回しましょう。教育資金や老後資金にプラスしてもいいですし、将来住宅ローンを組んだときには繰り上げ返済に使って、返済のスピードアップにつなげるのもいいでしょう。

ボーナスが1回50万円だったとしたら、年2回とすると年間で50万円が貯蓄にあてられます。半分は使って半分は貯める、この心構えがあれば、家計の赤字補填をボーナスに頼らずに貯まる家計が築けることでしょう。

残業代や臨時収入も使うのは半分にして半分は貯める

職種によっては繁忙期があって、その月は残業代がたくさん入るという人もいることでしょう。**残業代や臨時収入も半分は使い、残り半分は貯蓄に回すルールで考える**ようにします。使い方は、夫婦でちょっと高級なお店で食事をしたり、プチ旅行に出かけたりと、日常を充実させるための費用にするといいでしょう。日頃のお小遣いは少なめに抑えて、残業が多かった月にはお小遣いを増額する決まりにすれば、次の頑張りの源となります。または、あらかじめ残業代が多い月の予想がつく場合には、その月だけ自動積立の額を増額するように設定することも可能です。

最初からなかったものと考えれば、貯蓄に回してもまったく負担にはならないはずです。貯蓄や使い方を工夫して、夫婦の将来をより充実させましょう。

LESSON

07

預金は預けっぱなしにしない！ 預け替えで増やす

貯まってきたお金を定期預金で効率よく増やす

先取り貯金で貯蓄が１００万円以上貯まってきたら、そのままにしておかずに、金利が高めの定期預金に預け替えをしましょう。

定期預金は満期日を決めて、それまでは解約・引き出しをしないという条件付きの預金です。条件がついている分、普通預金よりも金利が高く設定されています。満期日は最短で1カ月、ほかに2カ月、3カ月、6カ月、1年、2年、3年、そして長いところでは10年という期間を設けている銀行もあります。預け入れ期間が長くなればそれだけ、金利がアップする傾向がありますが、満期日前に途中解約すると、その金利は適用されないので注意が必要です。

定期預金の中でもおすすめなのは、ネット定期です。普段忙しくて銀行に行く時間が取れない人に便利なネット銀行ですが、定期預金の金利も都市銀行に比べて高く設定されているところがあります。

ただし、ネット銀行によっては、高めの金利を設定しているものの、途中解約に対して特殊なルールがある定期預金を扱っているところもあります。金利の高さだけでなく、預け入れ期間や制約などをよく考えて預け先を選ぶようにしましょう。説明を聞いてもよくわからないときは、利用しないほうが賢明です。

●普通預金とネット預金 わずかな金利差でも変わる受取額

（100万円を1年間預けた場合）

預け先	金利	受取額（税金20%控除後）
普通預金	0.02%	1,000,160円
ネット定期	0.40%	1,003,200円

3,040円の差！

（100万円を5年間預けた場合）

預け先	金利	受取額（税金20%控除後）
普通預金	0.02%	1,000,800円
ネット定期	0.40%	1,016,000円

15,200円の差！

※2014年8月現在の預金金利相場で試算

ボーナス時期を狙ったお得なキャンペーンに注目

定期預金への預け替えをするときに、もうひとつ注目したいのがボーナスシーズンの金利優遇キャンペーンです。最近の普通預金金利は0.02％、定期預金金利は0.03％（2014年7月現在）が一般的ですが、このボーナスキャンペーンのときは、最初の3カ月にだけ、10～20倍の金利をつけるところもあります。確かに魅力的な金利ですが、期間がすぎると通常どおりの金利に自動更新されます。これに気がつかず、預けっぱなしにしてしまっている人が多いので気をつけましょう。

世の中が好景気になれば、定期預金金利が上昇する可能性がありますし、さらにお得なボーナスキャンペーンが見つかる場合もあるので、銀行のホームページをマメにチェックするといいですね。上手に預け替えをして、効率よくお金を増やしましょう。

LESSON

08

投資に使うお金はなくなっても困らない余裕資金に！

投資をはじめる前に知っておきたい基礎知識

投資についての質問を、よくセミナーなどで受けることがあります。最近は１０００円からはじめられる投資もあるので、若い世代からの関心も高まっています。

しかし、実際に投資をはじめたいと思っていても、何からはじめたらいいのか、資金はどこから出していくら使っていいのかなど、わからないことだらけ。窓口で話を聞いても、予備知識がないとリスクばかりが気になって、投資の第一歩を踏み出せないという人も少なくありません。

そもそも自分は投資に向いているのか、投資をするならどんなところに気をつけて選べばいいのかなど、ちょっと知っているだけで、窓口に行って投資の説明を聞くときに理解度がぐっとアップすることでしょう。

老後資金や余裕資金の運用として投資をはじめよう

投資には値動きのリスクがありますが、ここでいう「リスク」とは値動きの幅のこと。値下がりする可能性と同じだけ値上がりする可能性もあることを意味します。使う時期が決まっていなければ、値上がりしたときに売って、値下がりしたときにたくさ

●投資に使えるお金

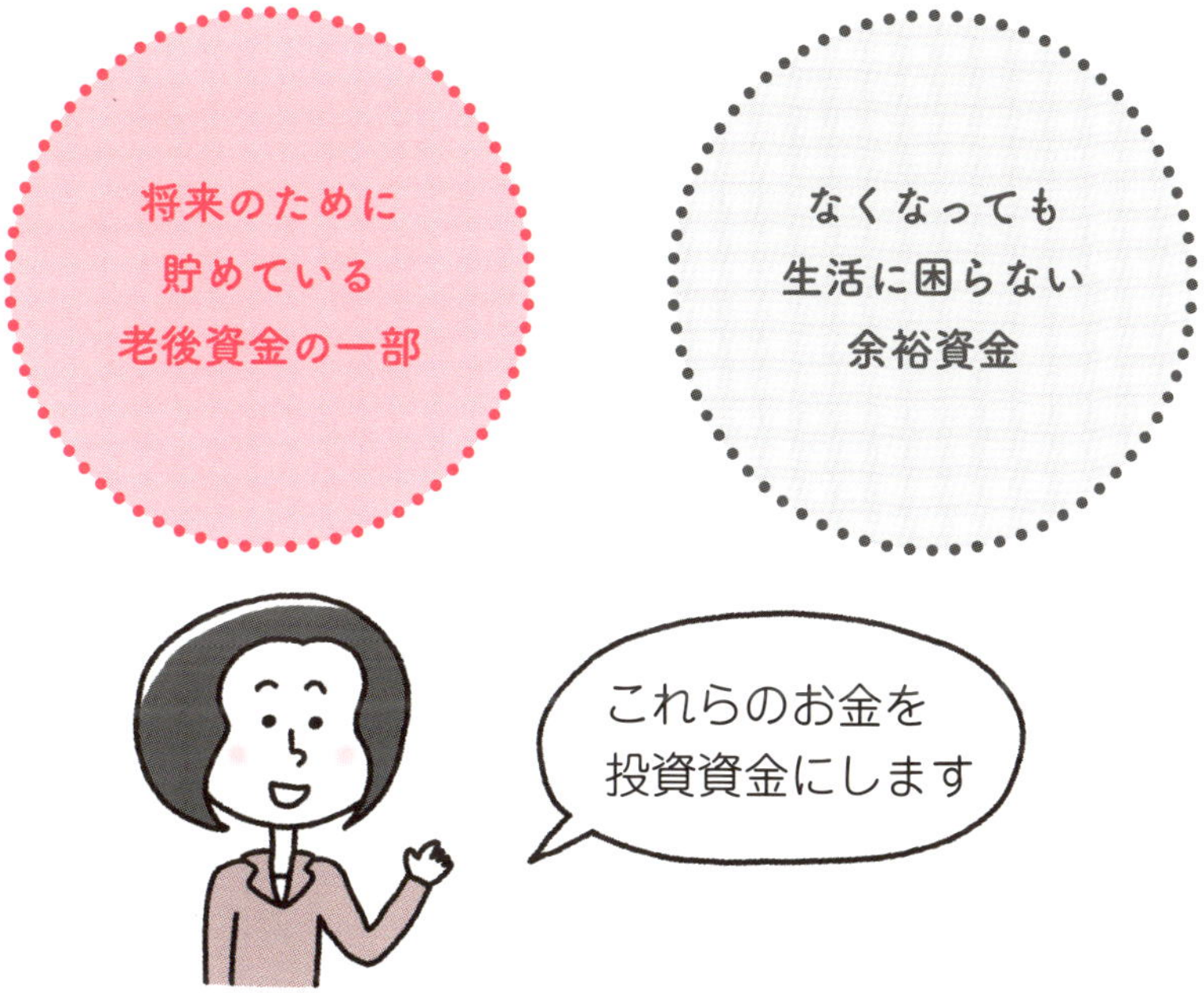
将来のために
貯めている
老後資金の一部
なくなっても
生活に困らない
余裕資金
これらのお金を
投資資金にします

ん購入することでより効率のいい運用ができます。

投資していいお金は、生活費や当面必要なお金ではありません。もしもなくなったとしても生活に困ることのない余裕資金か、ずっと先まで使う予定のない老後資金として貯めているお金の一部などを投資用の資金にするようにします。投資用に取り分けたお金ならば、多少の値動きがあってもあわてふためくことはありません。

近いうちに使う予定のあるお金や、元本を減らしてはいけないお金は、リスクのある投資には向いていません。元本が確保できる預金に預けるほうがいいでしょう。元本が保障された定期預金などで手堅くお金を増やす方法をおすすめします。

投資の前提条件として、まずは**自分たちの生活の基盤を固めて、貯蓄も必要な分をしっかり確保してからはじめる**ことが大切です。間違っても、投資でひと儲けしようなどと博打感覚で手を出すことは避けましょう。

LESSON 09

低リスクで運用できる投信積立をはじめてみよう

プロにまかせて安心の投資信託

投資というとまず頭に浮かぶのは「株」ではないでしょうか。株式投資はリスクが大きい分、利益が出たときのリターンも大きい、つまり大儲けすることもあれば大損することもあるということです。この株で資産を増やそうと思ったら、株価チャートを定期的にチェックする時間や、株価が上がる銘柄を選ぶ知識、そして複数の銘柄に投資できる大きな資金が必要になるため、投資初心者には、おすすめできません。

結婚したばかりの若い夫婦におすすめする投資は、株よりもリスクが低い「投資信託」や「外貨ＭＭＦ」です。外貨ＭＭＦも投資信託の仲間なので、ここでは一般的な投資信託にしぼって説明していきましょう。

投資信託はたくさんの投資家から集めたお金をファンドマネージャーという投資のプロが運用し、その収益を投資した人たちに分配する仕組みで成り立っています。運用をプロにまかせているので自分で株の知識をこまかく勉強をする必要がありません。また**いろいろな株式や債券に分散投資するので値動きによるリスクも少なくなります**。投資信託は証券会社や銀行などで1万円前後から、ネット証券なら１０００円から購入できるところもあります。

投信積立をすると、老後資金が増やせる

初心者が一番手軽に投資信託をするなら、投資先を国内外の株や債券、不動産などに分散させたバランスファンドを選ぶといいでしょう。過去の運用成績や手数料割合などを比較しながら決めるとよいです。25歳から毎月3万円ずつ普通預金（金利0・02％）で貯めていくと、60歳のときには約1263万円（20％税引後）になります。ところが、投資信託で仮に年利平均3％で運用できた場合、同じ毎月3万円ずつの積立で、60歳で受け取る額は約1965万円（20％税引後）。その差は、702万円という驚くべき数字になります。これはあくまで仮の数字なので、約束されたものではありませんが、あるのとないのでは老後資金に大きな差があるといえます。低リスクで続けやすい投信積立で老後資金の運用をはじめてみましょう。

●投資信託のはじめ方

1. 証券会社や銀行、ネット証券などで投資用の口座を開く
2. 開いた口座に資金を入金
3. 運用の仕方と方法を選ぶ
4. 窓口やインターネットで「目論見書」を入手して確認
5. 購入の申し込みをする

※投資信託には購入時に「販売手数料」、保有期間中に「信託報酬」、売却時に「信託財産留保額」などの手数料がかかります。購入前にチェックしておきましょう。

LESSON 10

人生の三大資金（住宅・教育・老後）はどれから貯める？

人生の三大資金は「住宅資金」「教育資金」「老後資金」

結婚後にやってくる大きな支出は、住宅を購入するときの「住宅資金」、子どもの学費となる「教育資金」、そして定年後に夫婦二人が生活していくための「老後資金」です。これらは人生の三大資金といわれています。どの資金に重きをおくかは、その夫婦の考え方次第ですが、どれも必要になったときにすぐに調達できるような金額ではありません。ライフプランを夫婦で考え、早めの準備が必須なのは、いうまでもありませんね。それぞれの出費の目安を参考までに見ていきましょう。

❶住宅資金

夫婦に最初におとずれる大きな支出。ほとんどの人が長期のローンを組んでいます。一部では頭金なしで全額ローンを組む人もいますが、のちのローン返済を考えると**頭金20％と諸費用5～10％を準備**しておく必要があります。

❷教育資金

公立の学校に行くか、私立の学校に行くかによって、大きく金額が異なります。幼稚園から大学まで**国公立の場合で約773万円、すべて私立の場合は約2206万円**かかります（⬇Ｐ175）。それが子どもの人数分必要になるわけです。教育資金は子どもの誕生と同時に準備していくことになります。

❸老後資金

さらに結婚後の若い夫婦には、あまりピンとこないかもしれませんが、将来のための老後資金も必要です。**夫婦二人で3000万円**は用意したほうがいいといわれています（⬇Ｐ100）。

三大資金は用途は別でも出どころはひとつ

住宅資金も教育資金も老後資金も、別々のようですが、すべてひとつの家計から出て行くお金です。住宅購入後のローンの返済と子どもの教育費はかさなってくるでしょうし、住宅ローンの返済を長期で設定すれば、老後資金にも影響が及びます。この3つは、切り離して考えることができません。

教育費にお金をかけすぎて、老後資金が不安になっている夫婦や、マイホームにお金をかけすぎて、日々の生活が成り立たなくなるケースもあります。「教育費にお金をかけるかわりにマイホームの購入金額を少なく見積もる」「老後は田舎で余裕のある暮らしをしたいから、それまでは賃貸で暮らす」など、人生の三大資金は総合的に考えましょう。早い時期に夫婦で三大資金を同時に話し合うことが成功の秘訣です。

第3章

LESSON 11

住宅資金と教育資金は安心確実な商品で貯めよう

マイホームの頭金は、短期で預けられるタイプで貯める

マイホーム購入を決めたら、頭金の貯蓄をはじめましょう。住宅資金を貯めるポイントは、使う時期、つまり購入時期を決めて、その目標に合った金融商品で貯めていくことです。

住宅購入時期は「末っ子が生まれたあと」を目安としている人が多いようです。この時期なら子どもも生まれて家族構成が確定し、結婚後から貯めてきた頭金の準備ができています（⬇Ｐ１３６）。子どもの入学前ならば、転校をさせなくていいのもこの時期を選ぶ理由のひとつでしょう。

住宅資金は、勤務先に財形制度があったら**財形住宅貯蓄**で貯めるのがおすすめです。給料天引きで着実に貯められるだけでなく、利息から税金が引かれないので節税メリットもあります。さらに住宅購入時に金利が優遇された、財形住宅融資を受けることも可能です。

勤務先に財形制度がない場合は、**給与振込口座で自動積立定期預金**を利用するとよいでしょう。毎月決まった金額を手間なく確実に貯められます。

頭金は前述したように、最低でも20％は必要です。金利が上がる前にとか、消費税が上がる前にといった「今が買い時」の誘い文句に踊らされずに、住宅は自己資金を貯めてから購入することが大切です。

●住宅・教育資金向けの金融商品

住宅資金向け

● 財形住宅貯蓄

→勤め先に申し込む住宅用の積立制度。財形貯蓄を1年以上継続すると、財形貯蓄残高の10倍、最大4000万円まで借り入れができる

● 自動積立定期預金

→銀行の普通預金から定期預金に毎月自動的にお金が振り替えられる。預入期間に応じた金利が適用される

● ネット定期

→ネット銀行の定期預金。1カ月などの短期間から預け入れ期間を選べる。ネット銀行によって金利は異なり、預入期間が長いほど金利は高くなる

教育資金向け

● 子ども保険・学資保険

→教育資金の準備を目的として加入する貯蓄型の保険。15歳や18歳など、子どもの進学時期に合わせて満期の時期を決める

● 低《てい》解《かい》約《やく》返《へん》戻《れい》金《きん》型終身保険

→保険料を払っている間の解約返戻金を少なくする代わりに保険料が割安に設定されている終身保険。払込期間や解約返戻金を受け取るタイミングを、ある程度自由に設定できる

教育資金は保険商品で増やすか預金と組み合わせても

教育資金は目標を、子どもが大学に入学する18歳に合わせて貯めていくことになります（⬇P178）。私立の小中高に行く場合の学費は、そのときの収入でまかなうのが原則です。

教育資金は、「保険」で貯めるのがおすすめ。保障がついているので、契約者である親が亡くなった場合にも確実に教育費を準備できる上に、生命保険料控除で税金が安くなるメリットもあります。学資保険や子ども保険を選ぶときには、支払総額と受取額を計算して元本割れしていないか確認しておくようにしましょう（⬇P120）。

保険は短期で途中解約すると損をしてしまいます。月々の保険料は長い年月無理なく払っていける金額にしましょう。余裕があれば、預金で別に貯めることも検討してみるといいでしょう。

第3章

LESSON 12

老後資金づくりは時間と金利を味方に上手に増やそう

老後資金は夫婦二人で3000万円が目安

人生の三大資金のうち、だれもが必ず用意しておかなくてはならないのが老後資金です。厚生労働省の発表によれば、日本人の平均寿命は男性が79・94歳、女性が86・41歳です（厚生労働省「平成24年簡易生命表」）。

これから先に待っている**老後の生活は意外と長く続きます**。60歳で定年退職し、それから年金を受給できるまでの生活費と、65歳で年金を受給してからの生活費不足分を合わせた分を蓄えておかなくてはなりません。この金額は、夫婦二人で3000万円がひとつの目安とされています。ほかにも賃貸住宅に住み続けていればその家賃もかかりますし、自営業やフリーランスで仕事をしてきた人は年金額が少ないこともあり、3000万円にさらに上乗せして見積もっておかなければなりません。その一方、退職金や個人年金を受け取る予定がある人は、この額からその分を差し引いて考えてもいいでしょう。

老後資金は40代から投資で貯めることも検討を

老後資金を使うのはかなり先になります。つまり貯める時間がたっぷりあるということです。このような長期でじっくりと増やしていくものは、金利が銀行預金よりも高めの利回りを期待できる金融商品を選ぶのがポイント。投資は元本が保証されておらず値動きのリスクがありますが、低金利の今、預貯金だけで3000万円用意するのは至難の業《わざ》。老後資金のように長期間で備えるものは、途中で値下がりしてもまた上がってくるのを待つことができるため、少額から投資にもチャレンジしてみましょう。

主な投資としては、株や投資信託、外貨預金、国債などがありますが、一番おすすめしたいのは投資信託です。投資信託では、大勢の投資家から集めたお金を、投資のプロが国内、海外の株や債権などさまざまな投資先に分散投資します（➡P94）。毎月1万円ずつなど積立形式で買うこともでき、株などに比べてリスクが抑えられています。

2014年からは**少額投資非課税制度「NISA（ニーサ）」**がスタートしました。2023年までの期間限定制度ですが、**最大5年間500万円までの投資を非課税で運用**できるなど、今は国として投資を後押ししています。毎月積立していく投信積立なら、毎月自動で手間なく購入できます。どの投資信託を選ぶのかで運用効果は大きく変わるので、購入前には多少の勉強が必要ですが、老後資金の預け先として検討してみましょう。

column 3

退職金も自分で運用する時代

「投資なんて私には関係ない」「リスクを負った運用なんてしたくない」と思ってはいませんか？　もしあなたがそう思っていたとしても、ある日突然投資を避けては通れなくなる可能性があります。

「確定拠出年金」という制度を知っていますか？　これは2001年に日本で導入されはじめた年金制度のひとつで、「日本版401k」とも呼ばれています。皆さんの中には会社の企業年金制度としてすでに利用しているという人も多いことでしょう。

確定拠出年金には、企業型と個人型があります。企業型の場合には、企業が拠出したお金を、従業員ひとりひとりが自分の判断で運用先を決めていきます。企業から同じ金額が支払われていても、運用がうまくいった人は老後に企業年金をたくさん受け取ることができ、運用がうまくいかなかった人は将来受け取る企業年金が少なくなります。企業年金も個人が自己責任で運用する時代がきました。

確定拠出年金の中の運用先には、元本保証の貯蓄タイプもありますが、その多くが国内・海外の株や債券などに投資する「投資信託」になっています。個人で買う投資信託よりも手数料が低めに設定されていることが多いので、積極的に運用していきましょう。

確定拠出年金がまだ無縁という人も、いつ自分の会社でこの制度が導入されるかわかりません。そのときになって焦らなくてすむように、まずは少額の積立投資から、投資に慣れていくことをおすすめします。

LESSON

第4章

助けてくれる保険

ある日の休日
こんなおしゃれな家具ほしいな～
ユラ
トン
ガシャン!
キャー!
お客様おケガはありませんか?
大丈夫です。す、すみません…弁償します。おいくらですか
8000円です
すみません
うう…痛い出費だったな～
ピリリリ
はい、もしもし

た、助けてくれ…おなかが痛くて死にそうだ…
ええ!? 今どこなの?
家…。さっき救急車も呼んだけど、もうだめみたいだ…
今までありがとう
ねえ しっかりしてよ!! ちょっと、ねえってば!!
まったく、虫垂炎《ちゅうすいえん》なんて。死なずにすんでよかったけど
あのときは本当にもうだめだと思ったんだよ。手術だってはじめてしたし!
普段の行いのせいよ。それにしても、1週間も入院になるなんて
あーあ… 今週は埼玉に試合を見にいくはずだったのに
それどころじゃないわ! 入院費と手術代で10万円もかかるのよ! 大赤字だわ!
しょうがないだろ。病気やケガは突然起きるんだから

病気やケガのためのお金だって備えが必要ですよ!!
わっ！ここ3階…
事故や病気で突然入院するリスクは、若いうちだって当然あります
そんなときに備えられるのが、保険ですよ
でも保険なんて、毎月高いお金を払ってもムダになるかもしれないし。手術だってこれがはじめてだから
そんな甘い考えではいけません。保険に入るのは病気になってからでは遅いのです
過去の病歴によって保障に条件がつけられてしまうこともあります
ほ、ほんと〜？
チッチッチッ！

医療保険は若くて健康なうちに入ると保険料が安いんですよ！
まずは医療保険に入りましょう！
私は就職したとき会社に来た営業マンにいわれて保険に入ってるんです
結婚してから見直しはしましたか？
人にすすめられて入った保険はムダに保障をつけすぎていることがよくあります
してないわ…
早速見直ししなきゃ！
ほかにもお買い物中の商品の破損や、人にケガをさせてしまったときの保険なんかもありますよ！
えー、あのときのランプスタンドも保険に入っていたら…
ランプスタンド？
もしも
もしも
いろいろな「もしも」に備えられる保険のことをもっと知って、自分に必要な保障をしっかり受けられるようにしておきましょうね

LESSON 01

いざというときに助けてくれるのが保険

保険に入っていればよかったと思うもしものときっていつのこと?

結婚すると、「入っておいたほうがいいのかな」と気になりだすのが保険です。保険とは、万が一のときに備えて入っておくもの。「万が一のとき」とは、具体的には、病気やケガによる入院費の支払いや生活費への備え、亡くなったときに遺される家族の生活保障です。20代の若い世代の人たちは、「保険についてあまりよく知らない」「そもそも自分は保険に入る必要があるのかわからない」という人が多いかもしれません。「自分たちはまだ若いし、健康だから、病気や入院の心配はない」と思うカップルもいるでしょう。

確かに、若い人が病気にかかる割合が少ないのは事実です。しかし、もし病気やケガでどちらかが働けなくなったとき、相手の給料だけで生活していくことができるでしょうか。若くて収入や貯金が少ないほど経済的なダメージは大きくなります。さらに、不測の事態が起きたあとからでは、保険に入りづらくなってしまうこともあるのです(⬇P112)。

結婚したら知っておきたい保険の種類と特徴を知ろう!

新婚カップルが、将来に不安を抱えないためにも、結婚後はいざというときに助けてくれる保険に入っ

●主な保険の種類

生命保険		損害保険	
死亡時の備え	終身保険	車の事故などの備え	自動車保険
	定期保険	災害時の住まいの備え	火災保険
	養老保険		地震保険
	学資保険		
医療や介護の備え	医療保険	その他の備え	傷害保険
	がん保険		旅行傷害保険
	介護保険		ゴルファー保険
老後の備え	個人年金保険		所得補償保険
			個人賠償責任保険

ておく必要があります。

保険は、「生命保険」と「損害保険」の大きく2つに分けられます。「生命保険」は保障対象が「人」の保険で、「損害保険」は家や家財、自動車など補償対象が「もの」の保険です。

「生命保険」は、遺族に死亡保険金が支払われる「死亡保険」、入院した場合に給付金が受け取れる「医療保険」などがあり、保険金として支払われる金額があらかじめ決まっていることが特徴です。

「損害保険」は、家財や建物を補償する「火災保険」や「地震保険」、車を運転する人に必須の「自動車保険」などがあり、生命保険と違い「どれくらい損害があったか」という実損の被害額で補償金が決まります。「生命保険」も「損害保険」も、保険会社や保険商品によって保障内容も保険料も異なるため、保険に入る際はよく比較検討して選ぶことが大切です。「複数の保険に入ったが、保障内容が重複していた」などという失敗がないように注意しましょう。

LESSON 02

保障の優先順位と予算を決めて失敗しない保険選び

すすめられるままに入ると損!? 失敗しがちな保険加入のケース

保険代理店に行き、たくさんの保険商品を紹介されてすすめられるまま入った結果、毎月の保険料の支払いが高額になってしまったというのは、最もよくある失敗のパターン。自宅で保険の営業マンから説明を受けて加入した場合でも、同じ失敗が起こりやすいものです。

相手は商品を買ってほしくて熱心に説明しているわけですから、あなたが不安なことを口にするたびにいろいろな提案をしてくれることでしょう。話を聞くうちにあれこれと保障をつけたくなってきて、結果的に保険料の支払いが高額になりがちです。これは、家計から捻出できる月々の保険料の上限を決めずに、窓口や営業マンに相談したことが失敗の原因です。

また、人に頼らず、自分でインターネットを使って調べて保険や共済に入り、知識が少ないために保障のバランスが悪く偏ってしまったというのも、素人にはわかりにくいありがちな失敗。

すべてのケースに共通していえる問題は、自分たちに本当に必要な保障をよく理解しないまま「とりあえず」や「なんとなく」で保険に加入してしまっていること。こうした失敗をしないためにも、おすすめしたい保険の入り方があります。

必要な保障の優先順位と予算を決めて比較する

保険に入るときには、必要な保障を考えて、その優先順位と予算を決めましょう。**新婚カップルの保険料は夫婦で月1万5000円以下**がひとつの目安です。まず必要なのは医療保障。独身時代医療保険に入っていた人もそのままにせず、保障内容を確認して別の保険会社や保険商品と比較検討し、保障を絞ったりプラスするなどの手続きをします。

結婚を機に妻が仕事を辞めていたら、夫の死亡保障にも加入します。共働きなら子どもができるまで大きな死亡保障は必要ありません(➡P116)。子どもの成長に合わせて保障額を考える、家を買ったら火災保険に入るなど、ライフスタイルの変化に応じて必要な保障を足していきましょう。必要な保障に優先順位をつけ、二人で決めた予算に合わせて加入するとムダのない保障が選べます。

第4章

LESSON 03

結婚後まず入るべきなのは医療保険加入前に健康保険の制度をチェック！

●医療保険加入前に健康保険の制度を知ろう！

高額療養費制度

1カ月にかかった医療費の自己負担額が約8万～9万円（自己負担限度額）を超えた場合、それ以上は健康保険が負担してくれる

傷病手当金

病気やケガで連続4日以上働けなくなった場合、健康保険から賃金（標準報酬日額）の3分の2が、最長1年6カ月支給される

●入院1カ月（医療費総額50万円）の自己負担額

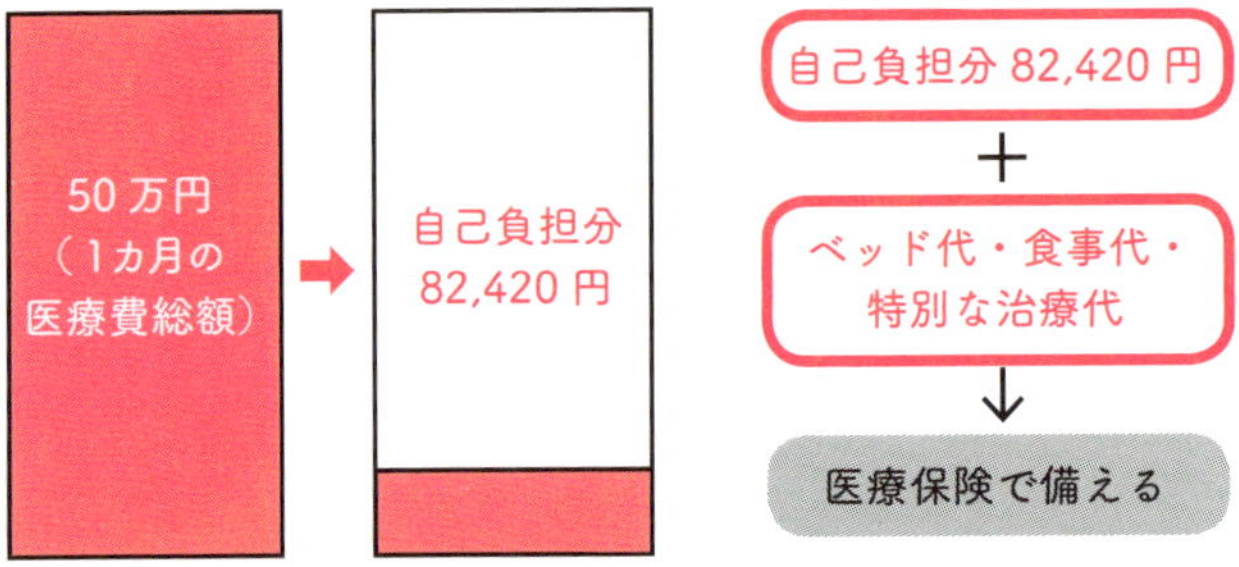

※病気の所得区分は「一般」で計算。所得区分によって医療費の自己負担額は変わる

医療保険には病気や妊娠をする前に入ろう

「保険は病気になったら入ればいい」と思っている人がいるかもしれませんが、健康診断で病気が見つかったり、妊娠がわかってから医療保険に入ろうとしても、入れる保険はわずかです。加入できても肝心の妊娠・出産のときや、病気が見つかった体の部位は数年間保障の対象から外れるのが通例です。

さらに、医療保険は加入時の年齢が上がるほど、保険料が高く設定されています。「あのとき入っておけばよかった」と後悔しないように、1歳でも若くて健康なうちに医療保険に加入しましょう。

公的健康保険を理解すれば必要な保障額がわかる

医療保険に入ろうと思ったら、まずは公的な健康保険の制度を理解しておきましょう。会社員の方は、健康保険組合や協会けんぽに、自営業の方は国民健康保険に加入して、健康保険証を持っていると思います。健康保険に加入しているおかげで、病院で支払う医療費や薬代は、実際にかかった医療費の３割負担ですんでいます。

それでも長期入院をしたときには、この３割負担分だけでも高額になってしまいそうですが、健康保険には「高額療養費制度」というありがたい制度があります。この制度があるおかげで、健康保険の適用範囲内の診療であれば、１カ月の医療費自己負担額は約８万〜９万円以内になり、それを超えた分は健康保険が負担してくれる仕組みになっています。

つまり、この１カ月間自分で備える必要がある医療費は、８万〜９万円までの自己負担分と、健康保険が適用されない差額のベッド代や食事代、特別な治療に備えるお金です。手厚く備えたほうが安心ではありますが、その分保険料が高くなるので、**入院１日当たり５０００円がもらえる保険を基本**に考えましょう。

そのほか、会社員や公務員の加入する健康保険には、傷病手当金という制度もあります。これは病気やケガで連続４日以上働けなくなった場合に、賃金（標準報酬日額）の３分の２を最長１年６カ月保障するという制度です。収入ダウンにはなりますが、収入がゼロになるわけではないとわかれば安心感がありますね。一方で自営業者等が加入する国民健康保険には傷病手当金の制度はありませんので、自分で手厚く備えておく必要があります。

また、健康保険には、出産にかかわる費用を支給してくれる制度（⬇Ｐ１６４）などもあるので、それらを除いて必要な保障額を計算しましょう。

第４章

LESSON 04

医療保険を選ぶときの比較ポイントは「入院給付金」と「保険料」

「入院給付金」と「保険料」もらうお金と払うお金を考える

医療保険を選ぶときには、もらうお金「入院給付金」と、払うお金「保険料」のそれぞれについて、金額や期間を順番に比較して考えます。

入院給付金の比較のポイントは、①入院日額（入院1日当たりにもらえる金額）、②保障日数（入院何日目から最長何日目まで保障されるか）です。

一般的に、入院1日当たり5000円もらえる保険よりも1万円もらえる保険のほうが保険料は高くなりますし、最長60日保障される保険よりも最長120日まで保障される保険のほうが、保険料が高くなります。保険料を比較するときには、こうした条件が同じものを比較しましょう。

続いて、払うお金「保険料」について考えていきましょう。保険料の比較ポイントは、①終身払いと払いずみ②月払い、半年払い、年払いです。保障が一生続く終身医療保険でも、一生保険料を払い続ける終身払いと、一生分の保険料を60歳までに払い終える60歳払いずみでは、60歳払いずみのほうが1回当たりの保険料は高くなります。ただし、長生きをするほどこちらのほうが得になります。

保険料の払い方には、毎月支払う月払いのほかに、半年払いや、1年分まとめて支払う年払いがあります。1年間の保険料は年払いにすると数%安くなり

ますが、毎月払いのほうが家計管理がしやすくなります。最近は、クレジットカードで支払える保険会社も増えていてポイントを貯めることもできます。

特約はトッピング 女性は女性疾病特約をつけよう

保険の特約は、保障の土台となる主契約に上乗せするトッピングです。**妻には、乳がんや子宮筋腫、帝王切開など、女性特有の病気に備える女性疾病特約**をおすすめします。また、健康保険の適用対象外の先進医療を受けたとき、自己負担した金額が保障される先進医療特約は近年とても人気があります。

医療保険の中には、夫の保険に妻の保険をセットでつける「夫婦型」もありますが、夫婦型は保険料が割安な半面、夫が亡くなった場合や離婚したときに妻の保障がなくなるリスクがあります。考えたくないことではありますが、お互いを大切に思うなら、保険は夫婦別々に加入することをおすすめします。

LESSON
05

妻が仕事を辞めたときや子どもが生まれたときに死亡保険に加入する

専業主婦家庭なら、家計を担う夫が死亡保険に加入します。共働き夫婦で対等に生活費を負担しているなら、子どもが生まれたら夫婦ともに加入しましょう。子どもなしの共働き夫婦は、それぞれお葬式代程度の備えがあれば、大きな死亡保障は必要ありません。

万が一のとき家族の暮らしを守ることが死亡保険に加入する目的

結婚を機に妻が仕事を辞めたら、家計の中心は夫の収入でまかなうことになります。子どもが生まれたら、子どもが大人になるまでの教育費や生活費が必要です。

そんなとき、もしも家計を支える夫が死亡したら、妻が子育てをしながら家計をひとりで支えていかなくてはなりません。家賃の安い住まいに引っ越しても、経済的に困窮してしまう家庭が多いでしょう。そんなときに備えて、もしもの死亡時に保険金が支払われる死亡保険に入っておきましょう。

ライフスタイルの変化に応じて保障金額を減らす

保障は大きいほうが安心ですが、保険料が現在の家計を圧迫しては意味がありません。

必要な保障額は、「これからの暮らしにかかるお金」から「遺族年金等からもらえるお金」と「今ある

●ライフスタイルと必要な保障金額の変化

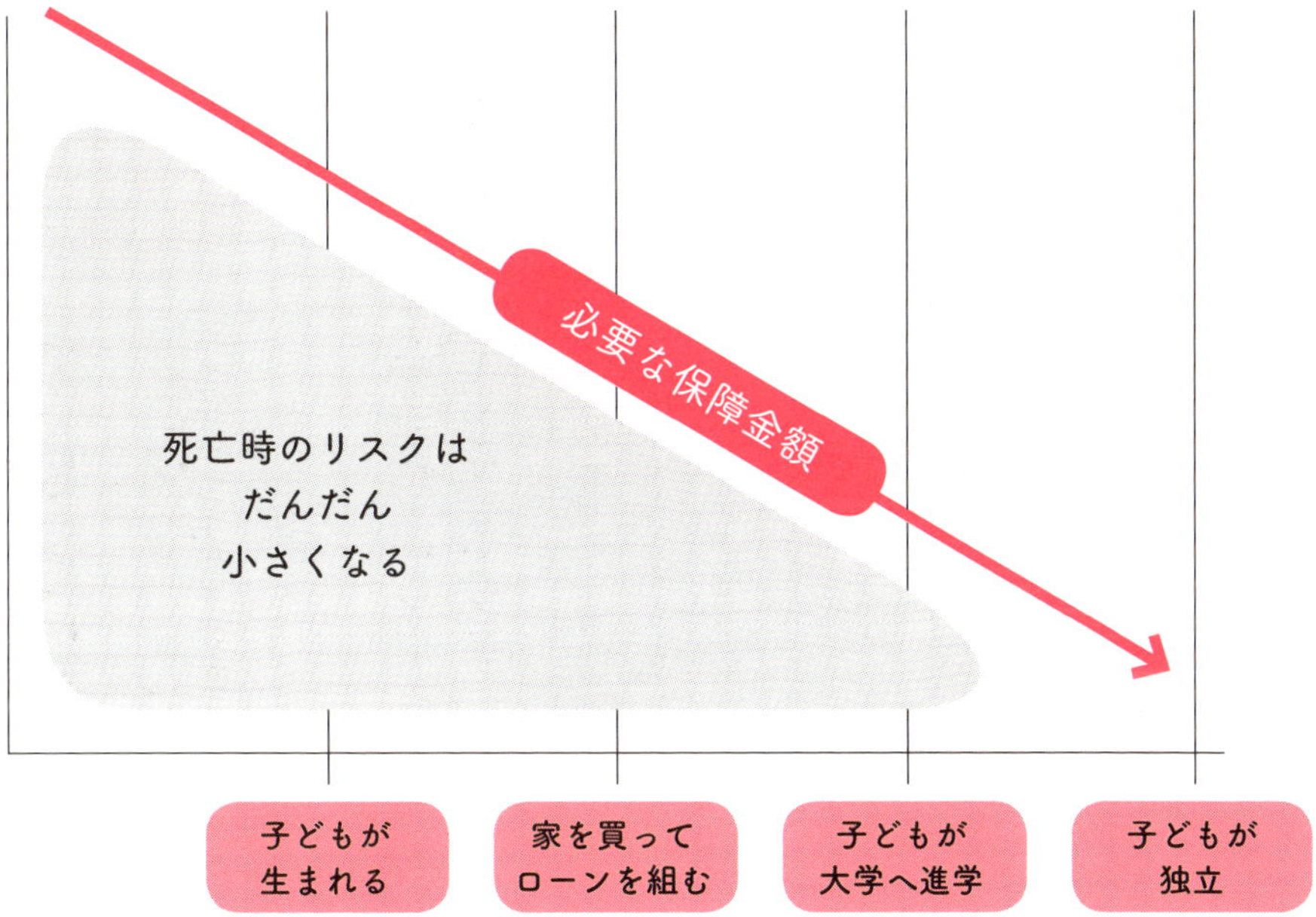

預貯金」を差し引いて計算します。

これからの暮らしにかかるお金は、子どもが社会人になるまでの生活費と教育費です。子どもが生まれたばかりなら22年分の生活費と教育費が必要ですが、子どもが大学生になっていればあと数年分の生活費と教育費の備えで足ります。そのため、必要な保障額は子どもが生まれたばかりをピークに、成長に合わせてそのつど見直し、支払う保険料を減らしていけると考えられます。

遺族年金は、厚生年金や国民年金などに加入している人が亡くなったときに残された家族に支給されるお金のこと。支給額は子どもの有無や、亡くなった人のそれまでの働き方、加入していた年金の種類などによって、もらえる額が大きく異なります（➡P198）。死亡保険に入るときや、見直しをするときには、もしものときに遺族年金がいくらもらえるのかを「ねんきんネット」などで確認して、必要な保障額を計算するとよいでしょう。

LESSON

06

貯まる終身保険と、保険料が安い定期保険を上手に使い分ける

保障が一生続く終身保険にはお金が貯まるメリットがある

死亡保険には終身保険と定期保険の2つのタイプがあります。

終身保険は、「身が終わるまで続く保険」という名のとおり、保障が一生涯続く保険です。若くして亡くなっても、平均寿命をはるかに超えて亡くなっても、遺族に死亡保険金を残すことができます。そのため、誰でもいつかは必ずやってくるお葬式代の備えとしてよく利用されています。

終身保険の特徴としては、「お金が貯められる」ことがあげられます。保険会社では、私たちが支払った保険料の一部を将来の支払いに備えて蓄えています。加入後、いつ亡くなったとしても必ず死亡保険金を受け取れるだけでなく、途中解約をした場合は、**それまでに支払った保険料から貯まったお金を「解約返戻金」として受け取ることができる仕組み**になっています。

終身保険は、掛け捨てタイプの定期保険と比べると保険料が高いというデメリットがありますが、上手に活用すると銀行に預金する以上の利率でお金を貯めながら、もしものときにも備えることができます。

まずは将来のお葬式代の備えとして300万円程度の保障を終身保険で準備するといいでしょう。

掛け捨ての定期保険は安い保険料で大きな保障がつけられる

定期保険は、「保障期間を定めた保険」です。たとえば、10年間保障が続く定期保険に入った場合、保険の契約が成立した翌日に亡くなったとしても、10年目に亡くなったとしても、同額の保険料を受け取れます。しかし、保障期間をすぎた11年目以降に亡くなった場合には1円の保障もありません。

定期保険は掛け捨て型の保険ともいわれています。その理由は、私たちが支払った保険料の大部分が、保険金や給付金の支払いにあてられているため、終身保険のような満期金や解約返戻金といったお金が貯まる要素はほとんどないからです。

定期保険は終身保険に比べて、安い保険料で大きな保障を必要な期間だけ買えるメリットがあります。大きな保障が必要になったら、必要な期間や保障額を考えて、定期保険を活用しましょう。

●終身保険と定期保険の違い

終身保険

- ●定期保険に比べて保険料が高い
- ●途中解約すると解約返戻金が支払われる
- ●途中解約をしなければ予定利率が保証されているので貯蓄代わりに利用できる
- ●保障期間は一生涯続く

定期保険

- ●終身保険に比べて保険料が安い
- ●途中解約時、満期での解約時に解約返戻金の支払いがない（※一部支払いがあるものもある）
- ●一定期間で更新や見直しが必要
- ●保険料払い込み期間に限り保障される

LESSON

07

子どもの将来に備える学資保険の仕組み

親にもしものことがあっても安心の学資保険

学資保険は、子どもの教育費（主に大学費用）の備えとして、一般的に子どもが0歳から小学校に入学する前に加入し、大学に入学する前を満期に設定します。満期を迎えると、学資金を受け取ることができる貯蓄タイプの保険です。

大きな特徴として、もしも保険料を払っている途中で契約者である親が亡くなった場合、以降の保険料の支払いは免除され、満期になったときには満額の学資金を受け取ることができます。

私立大学に進学した場合、4年間の学費は平均で527万円と金額も大きいので、子どもが生まれたらすぐに、少しずつお金を貯めていく必要があります。ですから、計画的に貯めるために学資保険で準備されてはいかがでしょう。

元本割れしない商品を選ぶ加入時の注意点とコツ

学資保険を選ぶときは、いくつか注意が必要です。まずは、**満期になったときに、元本割れしないかどうかを確認**します。学資保険には、入学祝い金や、子どもが入院したときに入院給付金などが受け取れる医療保険特約が付いているものなど、いろいろなタイプがあります。保障が手厚いと、その分積立に

●元本割れしないかチェックしよう

子どもが0歳から加入、18歳時に受け取り

ケース1	ケース2
月額保険料：13,000円 満期保険金受け取り金額：300万円	月額保険料：13,000円 小中高入学時祝い金総額：80万円 満期保険金受け取り金額：200万円
受け取り予定の保険金－保険料総支払額	受け取り予定の保険金＋祝い金総額－保険料総支払額
300万円－（13,000×12カ月×18年＝2,808,000）＝192,000円	200万円＋80万円－（13,000×12カ月×18年＝2,808,000）＝－8,000円
払込額を上回る	**元本割れしている！**

回るお金が少なくなり、元本割れが起こることがあります。いくつかの保険会社から資料を取り寄せて、余計な特約が付いていないシンプルな商品を選び、加入前に支払う保険金の総額を計算し、満期時にもらえる総額と比較して確認しておきましょう。

また、学資保険の**満期が、大学の入学金手続きに間に合うように配慮して加入する**ことも大切です。18歳満期の場合、子どもの18歳の誕生日をすぎた最初の契約応当日が保険金の受け取り期日になります。子どもの誕生日や契約した月によっては、入学金の支払いに間に合わないケースが出てきます。高校3年生の秋ごろまでには保険金を受け取れるように、逆算して加入しましょう。

中学校や高校から私立へ進学させたい場合は、子どもが12歳や15歳になるまでに、保険料の払い込みを終えるのもひとつのやり方です。毎月の保険料は高くなりますが、私立の中学や高校に入学する前に大学資金を準備できると、肩の荷が早く下ろせます。

LESSON 08

自動車保険はネットで比較して安く加入しよう

「自賠責保険」と「任意保険」自動車保険は大きく2つ

マイカーを購入したら、自動車保険は必須。「自賠責保険」と「任意保険」の2つに加入するのが常識です。自賠責保険は強制保険とも呼ばれ、車、バイク、原動機付き自転車を運転する人は必ず加入するように法律で決まっている保険です。

ただし、**自賠責保険で補償されるのは、交通事故などによって相手を死傷させてしまった場合のみ。**相手の車の修理代や自分の車の修理代、自分のケガの治療費、破損したガードレールの弁償代などは自賠責保険では支払われません。

そこで、自賠責保険で補償されない部分を任意保険でカバーする必要があるのです。任意保険は加入の自由な保険なので、車を買うと販売会社が自動的に手続きをすませてくれる自賠責保険と違って、自分で損害保険会社を選んで加入します。

任意保険はネットで調べて保険料を安くしよう

任意保険は選び方次第で、毎月の保険料に大きな差が出ます。基本的に保険は「リスクが起こる可能性が少ない人ほど保険料が安くなる」ようにできているので、事故のリスクが少ない条件が多くそろっているほど、保険料が安くできます。

任意保険の**保険料は運転手の年齢、事故歴、車の利用の仕方などによって決まり**、年間走行距離が少ない場合や、ゴールド免許で無事故の人の場合などは、保険料が大幅に安くなることがあります。

ここ数年、テレビのコマーシャルでよく見かけるリスク細分化型の自動車保険は、保険料を安く抑えたい優良ドライバーと、事故率の低い優良ドライバーに多く加入してもらいたい損害保険会社のニーズが合致した保険商品といえます。

たくさんある自動車保険の中から、自分の条件に合った有利な保険を探すのは大変ですが、インターネットの保険比較サイトを使うと、各社の見積もりを出すことができます。加入前には比較検討し、年1回の更新時にも必ず見直しをするようにしましょう。補償対象の運転手を「夫婦」二人だけに限定したり、26歳以上なら「26歳未満不担保」にして入力すると、保険料を安くできるので、入力条件も工夫しましょう。

●リスク細分化型自動車保険とは

自動車保険に加入する人の年齢、性別、免許証の色や車の使用目的など、運転する人や運転するときの事故のリスクを細かく分類して保険料が計算されるのが、リスク細分化型自動車保険。リスクを細分化することで、リスクが低い人ほど保険料が安く、リスクが高い人ほど保険料が高くなる仕組みになっている。

細分化されるポイント

- ●年齢
- ●性別
- ●居住地域
- ●免許証の色
- ●車種
- ●車の使用目的

など

LESSON

09

保険料が安く守備範囲の広い損害保険！「個人賠償責任保険」と「買い物保険」

家族全員安心の個人賠償責任保険

誰でも日常生活の中で、他人にケガを負わせてしまったり、人のものを壊してトラブルになった経験が一度や二度はあるのではないでしょうか。実は、そんなときのために非常に安い保険料で、広く備えることのできるのが個人賠償責任保険です。

個人賠償責任保険に入っていると、「買い物中に店の商品を棚から落として壊してしまった」「散歩中に飼い犬が近所の人をケガさせてしまった」「飲食店で近くにいた人とぶつかって相手の洋服を汚してしまった」などの偶然の事故により、他人に法律上の損害賠償をしなければならないとき、保険金が支払われます。

この個人賠償責任保険は、自動車保険や損害保険、火災保険などの特約としてプラスするのが一般的ですが、クレジットカードの会員専用保険でも手軽に加入することができます。しかも月額数百円程度の保険料で入れるものがほとんどです。加入している本人以外にも、本人の家族が補償対象となる場合が多いので、子どもが幼稚園に入園するくらいになったら入っておくと安心かもしれません。

買ったものを補償してくれる買い物保険

主にクレジットカードについている買い物保険は、クレジットカードで購入したものを買ってすぐに壊してしまったり、盗難に遭ってしまったりしたときに補償してくれます。

たとえば、クレジットカードでデジカメを購入した1カ月後に、うっかり落として故障してしまったという場合も、修理代金から数千円程度の自己負担金を差し引いて保険金が支払われます。

よくものを失くしたり壊したりしてしまうおっちょこちょいな人は、買い物保険に入っておくと安心ですね。クレジットカードの保険会社によって補償してくれる金額や範囲が異なるので、入会申込時に確認しておくとよいでしょう。

また、これらの保険は、特別に保険料を支払ったり、**加入手続きをしなくても、クレジットカードに自動で付帯されていることがあります。**そのため、手持ちのカード保険の補償内容を把握せず、事故の申請もしないで、知らない間に損をしていたという人も多く見かけます。

もしものときに損をしないためにも、使用しているクレジットカードの保険や、加入しているほかの保険に付帯している補償を一度確認しておくといいかもしれませんね。

第4章

column 4

もしも親に介護が必要になったら!?

介護は先が見えず、家族の負担も長期にわたって大きくなりがちなものです。もしも親に介護が必要になったら、介護サービスを利用するなどして負担を分散し、無理のない介護を選択してほしいと思います。親の介護のために早々に仕事を辞めてしまうと、後悔することになりかねません。

日本では40歳になると、国が運営する「公的介護保険」に加入することになります。加入者は自己負担1割で介護サービスを受けることができます。親のようすを見ていて「あれ？　おかしいな」と思うことがあったら、市区町村の窓口で、要介護認定の申請をしましょう。症状によって要介護度が判定され、介護保険の利用限度額が決まります。

介護サービスにもさまざまな種類があります。在宅介護向けのサービスには、自宅で行う訪問介護や、週に何度か昼間だけ施設に通うデイサービスなどがあります。介護のための自宅改修なども公的介護保険が一定額まで利用できます。そのほか、特別養護老人ホームや民間の老人ホームなどの施設に入所して介護を受ける方法もあります。親にとっても自分たちにとっても、どの方法が一番無理なく続けられるのかを早めに考えておきたいですね。

公的介護保険が利用できても、共働き夫婦が仕事を続けながら介護をする場合などは、介護保険の利用限度額を超えた介護サービスが必要になり、介護費用の自己負担額が大きくなることも。元気なうちに親に民間の介護保険に加入して備えてもらえると安心ですよ。

LESSON

第5章 気になる住まいの選び方

おいしかったー
ここのランチ
1回行って
みたかったの
新築マンション販売中
ディナーは
ちょっと高いけど、
ランチなら安いし、
また来たいな
うん。
たまには
外食も
いいわね
あっ
ここの
マンション
この前できた
ところよ
新築 駅近
3LDK
3,800万円
ふーん、
3LDKで
3800万か。
高いなー!
おっでも
毎月支払額だと
80000円!?
今の家賃より
安いね!
いらっしゃいませ。
お住まいを
お探しですか
あ、いえ
そういうわけ
じゃ…
いや!
ちょうど
新築マンションを
探してた
ところです!
ちょっと!?

そちらのマンションでしたら、今なら頭金がなくてもすぐにご入居いただけますよ
え！　こんなにきれいなマンションに今より安い費用で住めるなんて
ちょっと話を聞いていこうか
こちらの物件ですね。最寄り駅から徒歩1分、周辺環境もよく、最新の設備も充実した今おすすめの新築マンションですよ
でも買うとなったらローンも組まないといけないし…
まだ結婚したばかりの俺たちじゃ3800万もローン組めないよな！
いえ、審査はありますがさほど難しくはありません。新婚のご夫婦でもみなさんこのくらいの金額でローンを組まれていますよ
へえ～そうなんですか!?
よろしければモデルルーム見学を予約されますか
見るだけならタダだし！お願いします!!

ありがとうございました〜
ねぇ、モデルルームに行く前に氏家先生に相談してみようよ
そうだな！じゃあさっそく！
さて、今日はどうされましたか？
実は、来週マンションのモデルルームを見に行くんです
家の購入を検討されているんですね。頭金の用意が大変だったでしょう
¥0
いえ、それが、頭金0円で3800万円のローンが組めるんです！
まあ！
自己資金はなしということですね
でも月の返済は8万円からで、今の家賃より安いんです！
何年ローンかしら？
ボーナス払いは？
何歳で完済予定？
ローンや金利の種類は？
あわわわわ
え、えーと……

そのまま
モデルルームを
見に行っては
危険ですね！
ピピーッ
頭金ゼロ、
貯金ゼロで
家を買ったら、
将来借金地獄!?
かもしれません
借金
ギャーー！
そもそも
お子さんを
考えているなら
今は家を買う
ベストタイミング
ではないですね。
予算も適当とは
いえません
やっぱ
俺たちじゃ
マイホーム
なんて程遠いか…
予約は
キャンセルしよう
焦らずじっくり
考えましょう
家を買うときは
情報収集が
大事！
気に入った
物件以外にも、
調べたら
違う選択肢が
どんどん出てくる
ものですよ
賃貸
or
購入
新築
or
中古
フムフム

LESSON

01

賃貸と購入、決めるときに大事なのは二人の考え方

賃貸と購入どっちがお得なの?

新婚時代は、アパートやマンションを借りて住むカップルが多いでしょう。このまま家賃を払い続けるのがいいのか、早めにマイホームを購入したほうが得なのか悩むところです。物件の条件やローンの組み方にもよりますが、**賃貸も購入も、トータルで支払う金額はあまり差がありません**。ですから、両者を比べて検討するときには、どちらが夫婦にとって暮らしやすい環境か、あるいはどちらがより二人の希望をかなえられるのかを基準に考えるとよいでしょう。

賃貸のいいところは、勤務先が変わったり、収入が減って家賃の支払いが苦しくなったりした場合に、引越しがしやすいことです。一方、購入のいいところは、マイホームがあるという精神的な充足感や、老後までの住まいを確保しているという安心感が得られるところです。自分たちの家ですから、設備を自由に整えて好きなようにアレンジしたり、あとからリフォームを加えることも自由です。

将来までのお金のかかり方で比べてみよう

賃貸も購入も、生涯の負担は大差がありませんが、お金のかかるタイミングに違いがあります。

●30歳から80歳までの50年間にかかる費用で比較

賃貸

家賃8万円の賃貸住宅に住み、
10年ごとに引越しした場合の例
2年に1回ずつ更新料（家賃1カ月分）を払う
引越しのときに
礼金敷金等家賃の4カ月分がかかる

家賃	8万円×12カ月×50年間＝4,800万円
更新料	8万円×20回＝160万円
礼金敷金等	32万円×5回＝160万円
引越し費用	20万円×5回＝100万円

合計 約5,220万円

※80歳以降も賃貸暮らしを継続する場合には、その後も家賃がずっとかかる

差額 約219万円

購入

3,000万円の物件（マンション）を
30歳で購入した場合の例
頭金は600万円用意、2,400万円を
固定金利2%で35年ローンを組む

頭金	600万円
購入時諸費用	250万円
ローン返済	79,503円（月額）×12カ月×35年＝約3,339万円
固定資産税・都市計画税	15万円×50年＝750万円
リフォーム費用	500万円

合計 約5,439万円

※購入時にまとまったお金が出ていくところや、リフォーム費用、税金がかかるところが特徴

購入の場合は、はじめに頭金や諸費用の支払いで大きなお金が出ていくことになり、しばらくは自由に使えるお金が少なくなります。毎月のローンの支払いに加え、固定資産税が毎年徴収され、分譲マンションなら管理費や修繕積立金などもかかってきます。ただし、無事にローンを払い終えたら、その後は住居費の心配がいらなくなります。それに対して賃貸はローンの縛りがない分、自由な印象もありますが、家賃の支払いは一生続くことになります。年金生活になっても払い続けられるように、十分な老後資金の蓄えが必要であるといえるでしょう。

二人にとってどちらの選択がよりよいのかは、仕事、子育て、家族計画、老後のことなどを含めた長期的なライフプラン次第です。ひとまず頭金が貯まるくらいまでは賃貸で暮らし、その間にじっくり話し合って夫婦のライフプランを練り、十分に考えが煮詰まってから、どちらにするかを決めるのもひとつの手かもしれませんね。

第5章

LESSON 02

マンションと一戸建て物件選びのポイント

駅から歩いて
5分以内で
セキュリティも
安心だから
マンション！
庭は絶対ほしいし
好きなように
リフォームしたい！
一戸建てだな！

マンションと一戸建てのメリットとデメリット

将来はマイホームを購入しようと決めた場合、今度はマンションにするか一戸建てにするかの選択で迷うところです。この選択も、二人の考え方が大事。どちらが理想の暮らしをかなえられるのかを基準にして選択するとよいでしょう。

マンションのメリットは、セキュリティがしっかりしているので、防犯面で安心できること。駅が近いなど立地条件のいい物件が多く、同じ立地条件なら一戸建てより安く住める場合があることなどがあげられます。

一戸建てのメリットは、土地が自分のものになる、予算があれば駐車場や庭を持てる、リフォームや建て替えがしやすいことなどがあげられます。どちらがより、二人の求める条件をクリアしているかが選択の際のポイントになります。

デメリットもおさえておきましょう。マンションの場合は管理費や修繕積立金として平均2万円前後、さらに駐車場代などの負担が毎月必要になってきます。また、広い庭が持てない、上下階や隣近所の騒音が気になる、リフォームがしにくいことなどがあげられます。

一戸建ての場合は、駅から遠くなりがちで、マンションより購入価格が数百万円ほど高くなる場合も。修繕積立金がない分、将来的にかかる修繕費やメンテナンス費用として、300万円から500万円くらいを自分たちで貯めなければならないので、計画的な貯蓄が必要です。また、空き巣などに狙われないように、セキュリティの面でも自己管理が大切です。

リスクに備えて売りやすい物件にする

購入時はこの家にずっと住み続けたいと思っていたとしても、人生には何が起こるかわかりません。急な転勤や親の介護などで住み替えが必要になることもあります。予想しなかった事態が起こったとしても、**人に貸しやすい物件、売りやすい物件を選んでおけば、リスクを回避できます。**

マンションなら駅から徒歩圏内にあり、防犯対策や共用部の管理がしっかりしている、周辺環境が整っているという物件は、築年数が経っても借り手、買い手がつきやすいといわれています。

一戸建てならば、耐震・耐久性、採光性に優れ、使い勝手のよい間取りと構造であることなどがポイントです。自分たちの希望だけでなく、こういった「売りやすさ・貸しやすさ」にも注目しながら物件選びをするように心がけるとよいでしょう。

LESSON

03

マイホームを買うベストなタイミングとは？

子どもをつくる予定があるなら家族構成が決定してから

今は金利が比較的低いので、「すぐにでもマイホームを買ったほうが得なのでは」と考えているカップルもいるかもしれませんね。しかし、結婚後すぐの住宅購入はあまりおすすめできません。なぜなら、夫婦が満足できる家を買うために必要な「情報」「資金」「物件を見定める能力」などがまだそろっていないために、失敗してしまうケースが多いからです。

私の経験上では、「末っ子が生まれたあと」に家を買ったというケースが多いように感じます。

その理由としては、「家族構成が決定したこと」が大きいといえます。物件選びに必要な情報として、「何人家族か」は重要です。末っ子が誕生したあとならば夫婦の働き方や暮らし方、将来の夢などがある程度固まってきて、先を見据えた物件選びができます。また、子どもが通う学校を決めてから物件を選ぶと、後々子どもに転校をさせる心配もありません。また資金面でも教育費や老後資金と相互的に考えられます。

頭金が用意できたときがひとつのタイミング

一方、自分たちは「子どもをつくる予定がない」、将来的に「子どもをつくるかどうかわからない」と

いうカップルもいますよね。

この場合、ひとつのタイミングとして考えたいのが**「物件価格の2割以上の頭金が貯まったとき」**です。3000万円の物件なら600万円、4000万円の物件なら800万円貯めましょう。子どもをつくる予定の夫婦も、マイホームの購入には「2割の頭金の用意」を前提条件としてほしいところです。お互いの親にも相談し、頭金が足りない場合は、資金援助を申し出るのもひとつの手です。

一方で、住宅ローンは一般的に30年、35年と長期で返済していくもの。完済時の年齢を考慮して早めにローンを組むことも重要です。定年後もローン返済を続けるのはとても厳しいので、なるべく早く返済を終えることを優先して考えましょう。

自分たちのほしい、住みたい物件を見つけたときに迷ってタイミングを逃すことのないよう、新婚のうちから貯蓄や将来のマイホームの計画もしっかり整えておくことが大切です。

第5章

LESSON 04

我が家にいくらまで出せる？計算してみよう

購入できる家の価格の目安は年収の5倍程度

通勤に便利な一等地、広い庭付きの家などはどれも夢の世界に思えて、現実的にいくらの物件が買えるのか、最初は検討がつかないかもしれません。予算のひとつの目安として、**「購入時の年収の5倍まで」**の物件ならOKと覚えておきましょう。年収400万円の夫婦なら、2000万円の物件を買うことができます。ただしこれは、そのうちの2割を頭金として用意できることが前提条件。頭金のあり・なしで住宅ローンの総支払額は変わってくるので注意しましょう（➡P140）。

そして**住宅ローンは、家賃と同じく手取り額の25％以内におさまるように組むのが理想**です。手取り20万円なら、理想の返済額は毎月5万円以内。管理費や修繕積立金の支払いもある場合は、その負担も考慮してローンの金額を抑えましょう。

「ボーナス併用払い」にして、毎月の返済額を減らす方法もありますが、ボーナスが毎年順調に出るとは限らないので要注意。もしもボーナスがなくなってしまったときに破綻する原因になりかねませんので、毎月決まった額を返済するほうが安心です。

自分たちの年収で購入できる家の価格が思ったより安くて、がっかりしたという人もいるのではないでしょうか。

●年収別　購入できる物件価格の目安

年収（万）	頭金（万）	ローン金額（万）	購入できる物件の目安
400	400	1,600	2,000万円
500	500	2,000	2,500万円
600	600	2,600	3,000万円
700	700	2,800	3,500万円
800	800	3,200	4,000万円
900	900	3,600	4,500万円

希望の物件をあきらめるのはまだ早いかもしれません。家を購入するとき、頭金を可能な限り多く用意できれば、その分、購入物件の予算を年収の５倍よりも上乗せして考えることができます。

親からの贈与税非課税枠を活用

年間１１０万円を超える贈与には通常贈与税がかかりますが、親や祖父母から住宅取得資金の援助を受ける場合に、一定額まで贈与税がかからない「住宅取得資金贈与の非課税特例」という制度があります。２０１４年の非課税枠は一般住宅が５００万円、省エネ性・耐震性の強い住宅が１０００万円まで。もし、年収４００万円の夫婦が親から５００万円の贈与を受けた場合、その分を上乗せして、購入できる物件の価格が２０００万円から２５００万円になるわけです。この場合の不動産登記は、贈与を受けた子の持ち分に加えましょう（➡Ｐ１５２）。

LESSON 05

頭金なしで家を買うととんでもないことに!?

目先の楽さに飛びつくと結局支払いは高額に!?

「頭金ゼロもマイホームが買える」、という文句を売りにした不動産会社の広告をよく目にします。家を買うときに、大きなハードルとなるのが頭金。まとまったお金を用意しなくてもすぐに家が買えるなら、とても魅力的ですね。ところが、頭金ゼロで家を買うことにはたくさんのリスクが潜んでいます。

たとえば、Aさん夫婦が4000万円の家を買うときに、頭金なし、金利2・0%の住宅ローンを35年固定金利で組んだ場合、住宅ローンの総支払額は5565万円になります。4000万円の家を買っ

●頭金0円の住宅購入のデメリット

- ▶ローン借入額が多い
  ➡利息支払金額が多くなる
- ▶保証料や手数料が割高になる
- ▶選べるローンの選択肢が減る
- ▶金利の優遇幅が少ない
  ➡金利が高くなる
- ▶返済が困難になっても物件を売りにくくなる
- ▶売却できても借金を負うリスクが高い

たはずが、実際には1565万円の利息を支払うことになります。頭金800万円を用意してから買った場合、利息は1252万。差額313万円分も多く支払っているのです。

また、住宅ローンには**頭金を20%以上払うことを前提につくられている低金利のローン**があります。頭金がないと当然、こうしたローンを利用することはできないため、金利が高くなります。金利が高くなるとその分たくさんの利息を支払うことになります。

頭金がないまま買えるのは一見うれしいことですが、利息の支払いが増えるデメリットがあります。

売却時のローン完済と住宅の値下がりにも要注意

ローンを組んだものの途中で返済が厳しくなり、家を売ろうとした場合を想定してみましょう。購入時の金額ですぐに買い手がつけばいいですが、現実はそううまくいきません。

新築物件の場合、本来の物件価格の上に多額の広告宣伝費や販売元の利益分などが上乗せされているのが通例です。さらに、売るときは手数料もかかります。4000万円で買った家をすぐに売る場合、手元に残るのは購入時の約8割、つまり3200万円程度になると思ったほうがいいでしょう。仮に買い手がすぐに見つかったとしても、そのときにローンが3900万円残っていたとしたら、差額の700万円を穴埋めしてローンを完済しないと、売却できません。親や親せきに頭を下げて、差額を穴埋めしない限り、売りたいのに売れないというつらい状況にもなりかねないのです。

頭金ゼロで家を買えるのはとても魅力的ですが、安易に買うと大きなリスクを抱えることになってしまいます。「こんなことなら買うんじゃなかった」と後悔しないためにも、マイホーム購入の希望があるなら、今から少しずつ頭金を貯めて、計画的に買うようにしましょう。

第5章

LESSON
06

中古で家を買う借りるという選択も

知ってお得な中古住宅の魅力

いざ家を選ぼうとなったとき、予算の問題で折り合いがつかなかったり、希望の物件と出会えずに苦戦する夫婦も多いはずです。そんなときの選択肢として、「中古住宅」も検討候補に入れてみてはいかがでしょう。中古というと聞こえが悪いかもしれませんが、実はよい面もたくさんあるのです。

中古住宅の最大のメリットは、新築よりも費用が比較的安くすむこと。新築で予算が折り合わなくても、中古物件なら駅からの距離や間取りなどが希望どおりの物件が見つかる可能性があります。中古住宅を安く買って、好みのスタイルにリフォームし、新築よりずっと安くすませることも可能です。

さらに中古住宅は、実際に内覧して光の入り具合や風通し、建物の構造などを確かめて決めることができます。新築でありがちな「建ってから見たら、イメージしていたものと違った」ということがないのもよいところです。

特に築年数の浅い中古住宅は、若いカップルや子どもが生まれたばかりの夫婦が暮らす場合におすすめ。なぜなら、先に住んでいた家族とライフスタイルが似ていることが多いため、同じ境遇の夫婦にとって暮らしやすく、子育てしやすい環境が整っている場合が多いからです。

事前にここをチェック 中古物件選びの注意点

中古物件は市場に出回っている物件数が多いので、目的の条件がそろった物件をいろいろと比較して選ぶこともできます。

ただし、中古物件ならではの気になる点もあります。築年数にもよりますが、新築と比べて傷みや劣化があること。また、設備や工法が古く、耐震性の不安がある場合も。そうした**設備の補強、修繕などに費用がかかる**ことは覚悟しておきましょう。思いがけず高額になることもあるので、契約前に見積もりをとるなどして、できるだけ確認しておきたいところです。

最近では、既存の建物を大規模に改装し、機能や性能を向上させて新たな価値をつける「リノベーション」も盛んに行われています。補強や修繕の必要がない物件を探すのも選択肢のひとつです。

第5章

LESSON 07

知って安心！住宅ローン計画のルールとポイント

住宅ローンを組む前に知っておくべき心得

住宅ローンを組むときに、毎月の支払額を気にする人は多いですが、総支払額を気にする人はわずかです。もちろん毎月の支払額も大事ですが、住宅ローンを比較検討するときには総支払額を計算して、**トータルで利息をいくら支払うことになるのかを確認しておく**必要があります。

たとえば、3000万円を2・0％の固定金利で借りるとしましょう。この場合、35年ローンを組んだとしたら総支払額は4173万円ですが、20年ローンを組んだ場合は3642万円になります。

その差額は531万円。返済期間を短くするだけで、総利息支払額にこんなにも差が開くのです。このように先に計算しておけば、利息をどのくらい支払うことになるのか実感がわくと同時に、利息の差も考慮してローンを組むことができますね。

また、手取り額に応じた毎月のローン返済額（➡P138）、ローンの完済計画の立て方（➡P146）にもルールがありますので、それぞれ参考にしてみてください。住宅ローンを組むということは、生涯にわたって大きな借金を背負うことになるわけですから、慎重に安全な道を選びたいところです。

基本のルールを守りつつ、総支払額を減らすためのポイントもおさえておきましょう。

ローン返済額を減らすための3つのポイント

住宅ローンを組むときのポイントは3つあります。

1つ目は、「借入額を減らす」こと。頭金を多めに用意して借入額を減らせば、総支払額を抑えることができます。どうしても自己資金が足りないときは、親からの贈与税非課税枠の利用も検討しましょう（⬇P139）。

2つ目は、「金利が低いローンを活用する」こと。毎月の支払額が低くなり、総支払額が減らせます。ただし金利の種類によっては、はじめは金利が低くても急に金利が上がるリスクを含んだものもあるので、選ぶときは慎重に（⬇P148）。

3つ目は、「返済期間を短くする」こと。同じ金額を借りるなら、借入期間を短くしたほうが総返済額を減らせます。しかし、1回当たりの返済金額が高くなるため、無理のないように設定しましょう。

●これでバッチリ！ 住宅ローン7つのステップ

住宅購入は人生の中で大きな選択です。住宅ローンを正しく借りて、しっかりと完済できるように次のようなステップを踏むといいでしょう。

❶頭金（2割）を用意する

↓

❷ローンは年収の4倍の金額まで

↓

❸月々の住居費は手取り額の25%以内に

↓

❹ボーナス払いは極力使わない

↓

❺ローン総支払額を確認

↓

❻なるべく繰り上げ返済を実行

↓

❼定年＋5年後までにローンを完済！

第5章

LESSON

08

ローン完済は定年退職＋５年後まで！なるべく繰り上げ返済を

老後の負担を少なくするためにできること

多くの住宅ローンは、概ね《おおむ》75～80歳を最終返済年齢に設定されています。しかし、75歳や80歳までローンを返し続けるのはおすすめできません。

ローン完済は、最長でも「定年退職＋５年後」までを目安に設定します。老後は少ない年金の中から、ローン返済金を捻出しなければなりません。60歳定年なら65歳までを目安にローンを組み、毎月の返済額の負担を軽くするために、「繰り上げ返済」を心がけてなるべく定年退職までに完済を目指しましょう。

繰り上げ返済のメリットは、繰り上げ返済をした分の金額がそのまま借入金（元本）の返済にあてられるので、払うはずだった利息が減り、ローンの総支払額が少なくできることです。

繰り上げ返済には、返済年数を短くする「期間短縮型」と、毎月の返済額を少なくする「返済額軽減型」の２つがあります。

一般的に繰り上げ返済といわれ、よく利用されるのは期間短縮型です。**返済期間の途中にまとまったお金を返すことで、返済期間と総支払額を減らす**ことができます。早い時期に行うほど利息軽減の効果が大きいので、返済のペースに慣れてきたら期間短縮型の繰り上げ返済を行い、老後の負担を減らすために早く返し終えるようにしましょう。

●繰り上げ返済の効果の違い

3,000万円の物件を30歳で購入（頭金600万円）
35年ローン固定金利2％で2,400万円を返済する場合

繰り上げ返済しない場合

79,503円×420回＝総返済額約3,339万円

5年後に500万円をまとめて繰り上げ返済した場合

26年4ヵ月で完済　総返済額約3,005万円

↓

返済期間を8年8ヵ月短縮！
約334万円の利息を減らせた！

100万円ずつ5年連続繰り上げ返済した場合

26年0ヵ月で完済　総返済額約2,973万円

↓

返済期間を9年短縮！
約366万円の利息を減らせた！

一方、返済額軽減型は、期間短縮型に比べてカットできる利息の額は少なくなりますが、教育費の負担が増えたときや、収入が減ったときなど、毎月の負担を軽くしたい場合などに有効です。

繰り上げ返済は早めの実行で効果が高まる

借り入れてから5年後に500万円をまとめて返す場合と、1年後100万円、2年後100万円と100万円ずつ5回に分けて返す場合では、どちらが繰り上げ返済の効果が高いでしょう。答えは後者。繰り上げ返済は早めに行うほど効果が高く、逆にまとまったお金が貯まってから返そうと思って実行が遅れると、その分、節約効果が弱まります。

とはいえ、手元のお金をゼロにしてまで繰り上げ返済をしてしまうと、もしもの事態が発生したときの備えがなくなってしまいます。緊急時のために、ある程度の貯金は残しておくことも大切です。

LESSON

09

金利のタイプは変動と固定どっちがいい?

住宅ローンの金利のタイプとリスク

住宅ローンの金利は、「固定金利型」「変動金利型」「固定金利期間選択型」の3つのタイプがあります。

固定金利型は、最初から最後まで金利が変わらないタイプです。景気に左右される心配がない分、金利が高めに設定されています。金利が低いときには損ですが、将来金利が上がったときのリスクを考えると安心です。

変動金利型は、景気に連動して半年ごとに金利が見直しされるタイプ。今は金利が比較的下がっているため、固定金利型より低い金利で借りられる変動金利型が多くの人に選ばれています。しかし、これから先、金利が上がった場合に、毎月の返済額が上がる恐れのある変動金利型は、リスクのある選択といえます。最近では、景気回復の傾向から、金利上昇のリスクを避けて固定金利型を選ぶ人も増えはじめています。

3つ目の固定金利期間選択型は、一定期間のみ固定金利で、その後、固定金利にするか変動金利にするか選択できるタイプです。2年、5年、10年などと期間を区切り、その時点の景気の動向を見て変動か固定かを選べるタイプもあるので、将来の金利動向に合わせて選択したいという場合にも対応できます。

●各住宅ローン金利のメリットとデメリット

	メリット	デメリット
固定金利型	●返済額がずっと一定なので長期間にわたる返済計画やライフプランが立てやすい ●世の中の金利が上がってもその影響を受けないので安心	●金利が低い期間が長く続けば変動金利型より不利 ●はじめの金利設定が高いと将来までずっと高金利の返済が続く
変動金利型	●世の中の金利が低い間は固定金利よりも返済額が少なくてすむ ●低金利のときに借りて短期間で返す場合に有利	●金利が上がると返済額が増える ●金利の動向が予測できないので長期間の返済計画が立てづらい
固定金利期間選択型	●一定期間内は返済額を固定できる	●固定金利終了後は金利上昇で返済額が増えるリスクがある

金利上昇のリスクを軽減するための工夫をしよう

このように、金利のタイプはどれも一長一短。金利の動きは誰にも予測ができませんから、どのタイプを選べばいいのかは一概にはいえません。

最も避けたいのは、リスクの高い変動金利型で、ぎりぎりいっぱいまで借りてしまうこと。金利が大幅に上がったら、返済の途中で破綻する可能性が高くなるのでおすすめできません。反対に、資金に余裕のある人はもしも途中で金利が上昇しても返済できるので変動金利型が向いています。今は金利が低い分、変動金利型は元本の返済が早く進むメリットがあり、早めに返済していくことで借入残高をどんどん減らすことができます。

また、住宅ローンは組み合わせて借りることもできます。借入総額の半分を変動金利、残りを固定金利で借りることで、リスクを軽減できます。

第5章

LESSON 10

住宅ローンにはこんなに種類がたくさんある！

それぞれの住宅ローンの種類と特徴を知ろう

住宅ローンは、住宅金融支援機構が開発し、民間金融機関で販売する「フラット35」、財形貯蓄利用者のための「財形住宅融資」、銀行などの民間金融機関が扱う「民間住宅ローン」に大きく分けられます。

選ぶときに重要なのは、しっかり「情報収集」をすること。**どこのローンを利用して、どんな借り方をするかで総返済額は100万円単位で変わります**。家を購入するときに紹介されたローンのほかにも積極的に情報を集めて、選択肢を広げて考えましょう。

金利上昇のリスクを避けたいなら、将来の返済額がずっと変わらない長期固定金利がおすすめ。その代表的なローンが**「フラット35」**。35年固定金利で、保証料や繰り上げ返済の手数料がかからないなどの特徴があります。さらに、省エネ性能や耐震性に優れた住宅の場合には、一定期間金利を引き下げる「フラット35S」も用意されています。**財形住宅融資**は、財形貯蓄残高の10倍、最高4000万円までの融資を受けることができます。5年ごとに金利を見直す5年固定金利です。

変動金利で低金利のうちに短期間でどんどん返したい場合は、**民間住宅ローン**もおすすめ。変動、固定、固定金利期間選択型など、さまざまな金利のタイプ

●主な住宅ローンの種類

	フラット35	財形住宅融資	民間住宅ローン
金利	全期間固定	5年間固定	変動／固定／固定期間選択型
保証料	不要	不要	必要（一部不要な場合も）
団体信用生命保険	任意 保険料は借入人負担	任意	必須 保険料は金融機関負担
特徴	●住宅金融支援機構が開発し、民間金融機関で販売。ローン金利は金融機関により異なる ●団体信用生命保険に入れない人も利用できるので、既往症や健康不安がある人にも向いている	●勤め先で財形貯蓄を1年以上継続していれば、財形貯蓄残高の10倍、最大4,000万円まで借入ができる	●銀行、ネット銀行、信用金庫、JAなどさまざまな金融機関で取り扱っている ●団体信用生命保険がついているため、契約者がもしものときには、以後のローン支払いが免除される

が選べます。保証料がかからない金融機関や、期間限定のキャンペーンで優遇金利を出している場合もあるので、住宅ローン比較サイトなどを利用して特色を見比べてみるといいでしょう。

ローンを選ぶときには、住宅ローン金利のほかにも、借入時にかかる諸費用の有無や、繰り上げ返済のしやすさなどにも注目しましょう。

必要であれば住宅ローン審査の準備も

住宅ローンは、誰でもすぐに利用できるものではなく、借入をはじめる前に審査があります。審査には、名義人の収入や勤続年数、健康状態、返済中のローン残高に加えて購入物件の情報などが関係します。名義人がきちんと返済ができそうかを見るための審査なので、カードローンなどの借入は事前に返済しておく、転職を考えているならローン審査が通ってからにするなどの対策をしておくとよいです。

LESSON 11

マイホームの登記は夫婦それぞれ負担した割合で

マイホームは誰のもの？はっきりさせよう

家を買ったら、その土地と建物が誰のものなのかをはっきりさせる、不動産登記を行う必要があります。夫婦二人でお金を出し合って家を買った場合は、資金を負担した割合を出し、夫婦の「共有名義」で登記をしましょう。

持ち分の割合は必ずしも半分ずつにする必要はありません。3500万円の物件のうち頭金として500万円を妻が出し、残り3000万円を夫がローンを組んだら、負担した割合に応じて夫6対妻1の割合で登記をします。

登記で発生する場合のある贈与税に注意

実家から資金援助を受けた場合には贈与税に注意しましょう。

たとえば、妻の実家から資金援助を受けて頭金2割を出し、残りは夫が全額ローンを組んだとします。この場合、夫8対妻2の共有名義で登記をすれば問題ありませんが、**夫が全額支払ったことにして、夫の「単独名義」で登記をしてしまうと、「妻の実家から夫が贈与を受けた」とみなされます。**住宅資金贈与の非課税特例（➡P139）を利用した場合でも、登記の際に義理の親からの贈与とみなされてしまうと、贈与税を支払うことになります。

また、共働き夫婦がそれぞれローンを組む場合は、妻の今後の働き方も考える必要があります。夫婦の収入が同じくらいでお互い同額のローンを組み、子どもが生まれても妻が仕事を続ける場合は、夫1対妻1の共有名義で登録してしまって問題ありません。

子どもが生まれたら妻は仕事を辞めようと考えている場合は、途中から妻の収入がなくなるので、なるべく妻のローン負担を小さくして、夫婦それぞれ組んだローンの割合に合わせて登記をし、早めに妻のローンを完済する計画を立てましょう。もしも妻のローンを完済する前に妻が仕事を辞め、夫が妻のローンを肩代わりすると、「夫婦間の贈与」とみなされて、こちらも贈与税が発生する可能性があるので注意が必要です。物件の共有持分の変更には、登記の費用などの諸経費がかかることも覚えておきましょう。

最近は、マイホームの持ち分を登記する夫婦が増えてきました。共有名義にすれば、双方の合意なしに家全部の売却はできなくなります。それに、家が登記上夫婦のものとなっていることで、気持ちのうえでも自分たちの家に住んでいるという実感がわきますよね。

column 5

住宅ローンが組みやすい人、組みにくい人

住宅ローンは収入が多い人ほど組みやすく、低い人ほど組みにくいといった単純なものでもありません。

スポーツ選手や芸能人の中には何億円と稼ぐ人もいますが、毎年安定した収入が得られるとは限らない職業であることから、住宅ローンの審査が通りにくいといわれています。非正規雇用の契約社員、派遣社員、アルバイトなどは、いつ雇用先と縁が切れてもおかしくない不安定な立場であることから、ローンが組みにくい人といえます。

その点、毎月安定した収入があり倒産やリストラのリスクも少ない公務員、年収が高く社会的信用も厚い大企業の正社員は住宅ローンが最も組みやすい人といえます。金融機関にとっていいお客さんである公務員や正社員なら、複数の窓口に相談して一番有利な条件のローンを選びましょう。ただし、肩書きはよくても、ほかに高額のローンを抱えていたり、クレジットカードの支払いが滞っていたりすると、審査が通りにくくなることがあります。

また、自営業やフリーランスの人は公務員や正社員に比べると住宅ローンが組みにくいといえますが、審査で安定した収入があると認められれば問題はありません。金融機関は返済の滞りのリスクが少ない人物であるかどうか、その人の収入、安定性、職業、キャッシング履歴などを総合的に審査して信用度を判断しているのです。

LESSON

第6章

お金から考える！ 結婚後の人生設計

同級生宅
ひさしぶりー
いらっしゃい
わーかわいい!
はじめまして。
何歳だっけ?
今1歳。
親バカだけど、
子どもは本当に
かわいいよ
アブー
さすが
イクメンパパ!
育休とって
るんだって?
ああ、
夫婦でとったほうが
期間が長く
とれるからね
こちらへどうぞ
なるべく親が
そばにいてあげたいし。
私も今仕事を辞めるか
どうか迷ってて…
専業主婦に
なるの?
いいな~
私も将来は
そうしたい

まさか！
この人の
給料だけじゃ
貯金できないわ。
でも今の仕事じゃ
時間の都合が
つきづらくて。
延長保育料で、
残業代もパーよ！
そんなに
お金かかるの!?
私も今のうちに
もっと
働こうかな…
この子のために
学資保険も
入ったから、
家計的には
今の仕事も
捨てがたいのよね
あむあむ
子どもを
育てるって
思った以上に
大変なのね…
うちなんて、
今だってお金ないし、
子どもは当分ムリだわ！
ただいまー…
おかえり！
友達の赤ちゃん
見てきたんだろ。
どうだった？
元気ですごく
かわいい子
だったよ

いいな〜うちも早くほしいな〜
近いうちにお子さんをお考えなんですね!
またでた!
お二人はお子さんの教育方針を決めてらっしゃいますか?
教育方針って…まだ生まれてもいないのに
あら、そんな悠長なこといってると、あとで困ることになりますよ
ちゃんと大学に行かせられればそれでいいや
それなら、お子さんが生まれたらすぐに大学資金を貯めはじめましょう

私はできれば私立の学校で高校～大学まで楽に進学させたいわ
いつから私立に入れるかによってかかる費用は倍以上変わってきますよ
大
高
中
小
幼
私
公
ええ!?そんなに?今の給料だけじゃムリー!
ですから、今のうちにお二人の教育方針をよく話し合って、教育費にどのくらいの備えが必要か考えておくといいのです
将来のことを考えるときは、ライフプラン表を書いてみるとわかりやすいですよ。
未来にかかるお金も予想できちゃいます!
へえ~。ライフプランか。なんだかワクワクしてきた
楽しみな夢を想像して、貯蓄や将来へのモチベーションもアップしましょう!
オー!

LESSON

01

二人の将来をイメージすると未来のお金もわかる

結婚後のお金を考えるのに役立つ「ライフプラン表」

結婚したばかりの皆さんが思い描く将来の夢は、どんなものでしょうか。子どもがほしい、マイホームや車がほしい、猫を飼いたい、もっと給料のいい会社に転職したい、資格を取りたい、自分の店を開きたいなど、大きな夢から身近な夢まで人それぞれいろいろな夢があることでしょう。

あなたと、パートナーが描く将来のイメージは同じ方向を向いているでしょうか。結婚してからのお金を考えるうえで、パートナーと将来の夢やイメージを話し合うことはとても大事なステップです。

そして、限りある時間やお金、さまざまな制約がある中で、それぞれの夢を着実にかなえていくには、人生の設計図ともいえる「ライフプラン表」が役に立ちます。ライフプラン表は、夫婦のこれからやりたいことやお互いの夢について、それをかなえたい年齢や予算などを記入した未来の年表です。

ライフプラン表があれば、いつ、どんなことを、いくらの予算で実現したいのかがひと目でわかります。**「いつ」「いくら」と具体的な数字で表すことで、夢は目標に変わります**。目的意識がはっきりすると、お金を貯めるモチベーションが高まり、具体的な貯蓄プランも立てられます。夢を実現したい二人は、ぜひライフプラン表を記入しておきましょう。

●ライフプラン表の記入例

❶縦軸に自分と家族の名前を記入
❷横軸には年表、その下には年齢を記入
❸予想されるライフイベントを記入
❹❸の金額を万単位で記入（予想でOK）

西暦		2014	2015	2016	2017	2018
夫	年齢	30	31	32	33	34
妻	年齢	28	29	30	31	32
子①	年齢		0	1	2	3
子②	年齢				0	1
ライフイベント			第１子出産	保育園入園1	第２子出産 自動車購入	保育園入園２ 住宅購入
住居費		110	110	110	110	968
教育費１				84	60	48
教育費２						84
その他					200	

出産予定
子どもがほしい場合、希望の時期や人数で表に記入する

住宅購入
マイホームを購入予定であれば、希望の時期と予算を記入。その時期までに頭金を用意する必要がある

西暦		2030	2031	2032	2033	2034
夫	年齢	46	47	48	49	50
妻	年齢	44	45	46	47	48
子①	年齢	15	16	17	18	19
子②	年齢	13	14	15	16	17
ライフイベント		第２子 中学校入学	第１子 高校入学	海外旅行	第２子 高校入学	第１子 大学入学
住居費		168	168	168	168	168
教育費１		46	40	40	40	151
教育費２		46	46	46	40	40
その他				50		

旅行計画
定期的に海外や国内での旅行を考えていれば、その予定を未来の家族人数分の予算で記入

子どもの進学
教育費は子どもの進学に合わせて記入する。大学費用は子どもが生まれたときから入学前までに間に合うように貯める

第6章

LESSON 02

ライフプランによってマネープランも変化する

結婚後のマネープランは子どもを産んだ年代で変化

ライフプラン表を書いてみると、いつ、何に、いくら必要なのか、将来の「お金のかかりどき」が具体的にイメージできたのではないでしょうか。

これに対して「お金の貯めどき」は、結婚してから3回あり、3回とも子どもの成長とリンクしています（⬇P78）。結婚後のマネープランは、妻が子どもを出産したときの年代によって大きな違いが生じます。20代、30代で子どもを産んだ場合、自分たちはどんなステップを踏んで年を重ねていくのか、想像してみましょう。

20代ママと30代ママお金にゆとりがあるのはどっち？

20代で結婚・出産した若いママの場合、最初のうち家計のやりくりはとても大変だと思ってください。まだ夫婦の収入が低く貯金も少ないため、お金にゆとりがない中での子育てになってしまうケースが多いのです。住居費などの負担が重くのしかかり、家計は苦しい状況という家庭が少なくありません。

仮に出産後すぐに仕事に復帰したとしても、子どもを預けるために高い保育料がかかり出費が多くなります。貯蓄に回す余裕がなく、マイホームを購入するための頭金が用意しにくい一面もあります。

しかし、悪い面ばかりではありません。たとえば28歳でパパママになった場合、子どもが大学を卒業するときにはまだお互い50歳です。二人目の子どもを授かっていたとしても、50歳代には子育てを完全に終了できそうですね。教育費の心配がなくなったあとは、定年退職前の完済を目指して住宅ローンの支払いを淡々とこなし、老後資金の準備に集中できるメリットがあります。

一方、30代で結婚・出産したママの場合、貯金がそれなりにあるので、子どもができた後も家計が急に苦しくなることはありません。しかし、20代夫婦と比べてライフイベントが全体的に後倒しになりやすい傾向があります。場合によっては、定年退職を迎えた後にも教育資金、親の介護費用、住宅ローンの返済、老後資金と4つの出費が重なることも考えられます。そのため、独身時代に少し贅沢《ぜいたく》な暮らしに慣れている30代ママは、20代ママ以上に財布のひもを引き締める心構えが必要です。

LESSON 03

妊娠出産にかかる費用は工夫次第で抑えられる

助産院は大学病院の約半分の費用ですむ場合も

将来子どもを持ちたい夫婦にとって気になるのが、妊娠出産費用の負担ではないでしょうか。出産にかかる費用は、病院選びで決まります。最新の設備が整った大学病院は高い費用がかかりますが、高齢出産や出産時のトラブルが気になる人には安心でしょう。利用者が多い個人病院や地域の総合病院は費用も中程度です。助産師さんによる、昔ながらのお産を行う助産院は、費用がほかと比べて安く設定されています。ただし、助産院は自然分娩以外のリスクの高い出産には向かないので、決めるときは夫婦でよく話し合いましょう。

また、東京で産むのか地方で産むのかによっても費用は違ってきます。飛行機代などの交通費をかけても、地方にある実家に帰って出産したほうが安くすむケースもあります。里帰り出産も候補に入れて検討してみるといいですね。

妊娠出産にかかわる公的制度をフル活用しよう

出産時に使える公的な補助制度はたくさんあります。**妊娠や出産には健康保険が適用されない**ため、以前は、妊婦検診は全額自己負担でしたが、最近は自治体で検診費用が助成されるようになりました。

続いて気になるのが出産費用にかかわる制度ですが、働くママ、専業主婦にかかわらず出産すると「出産育児一時金」がもらえます。出産費用の補助として、健康保険から42万円（産科医療保障制度に加入していない医療機関で出産した場合は39万円）が支給されます。健康保険組合によっては独自の上乗せをしているところもあります。

さらに、働く女性が出産すると、会社の健康保険から「出産手当金」がもらえます。労働基準法では、出産前後に14週間（98日）の「産前産後休暇」を取ることが定められており、この間の生活保障として支給されるのが出産手当金です。金額は、残業代も含めた標準報酬月額の3分の2程度。育児休業中の生活保障なので、専業主婦や、自営業、フリーランスの人が子どもを産んでも、支給されません。

また、妊娠出産期間中に医療費がたくさんかかったという人は、確定申告をすると税金が戻る可能性があります（⬇P194）。

●妊娠・出産にかかわる公的制度

妊婦検診などの助成

妊婦検診の14回分が自治体から助成される。助成額は自治体により異なる。

出産育児一時金

健康保険の被保険者なら、子どもひとりにつき42万円が支給される。健康保険組合によっては、さらに組合独自の付加金がプラスされる場合も。

出産手当金

健康保険被保険者が産前産後休暇中（出産日以前42日〜出産日後56日まで）に標準報酬月額の3分の2相当額が支給される。

育児休業給付金

雇用保険の被保険者が原則1歳未満の子を養育するために育児休業を取得した場合に支給される。育休開始から180日目までは、復職まで休業開始前賃金の67%、その後は50%が支給される。

産休・育休等を取得した際の特例

産休中及び育休等の期間中は健康保険や厚生年金保険の社会保険料が免除される。

児童手当

0歳から中学3年生までの子どもを養育している人に支給される。支給額は0〜2歳が月額15,000円、3歳〜小学校修了前の第1子・第2子は月額10,000円、第3子以降は月額15,000円。中学生は月額10,000円。所得が限度額以上ある場合は児童1人あたり5,000円。

※内容は2014年8月現在

LESSON 04

育児休業は夫婦ともに取得する選択も！

父親も取得できる育児休業！「パパママ育休プラス」も利用

夫婦にとって、大きなイベントである赤ちゃんの誕生。共働きでお互いに忙しくても、かわいい我が子とできるだけ一緒にいられたらいいですよね。出産にともなって取得できる休暇として、「産前産後休暇」（産前は出産予定日の6週間前から・産後は出産の翌日から8週間）と、「育児休業」があります。

産前産後休暇は、出産する母親しか取得できませんが、育児休業は勤続年数が1年以上の人であれば、母親も父親も取得できます。

育児休業を取得できる期間は、通常子どもの出生（母親は産前産後休暇の終了後）から1歳を迎える誕生日の前日まで。仕事の都合などで早く切り上げることもできますし、保育園が見つからない場合は最長で子どもが1歳6カ月になるまで休業期間を延長することもできます。また、最近は「パパママ育休プラス」といって、**父親と母親がともに育児休業を取る場合、子どもが1歳2カ月になるまで休業期間を延長できる**制度もできて、少しずつ父親の育休取得率も高くなってきています。

夫婦で育児休業が取れるといっても、その間の収入が心配ですね。しかし育児休業期間中は、雇用保険から「育児休業給付」が支給されます。もらえる金額は2014年4月より拡大され、育休開始から

●夫婦で育休を取得すると期間が延長！

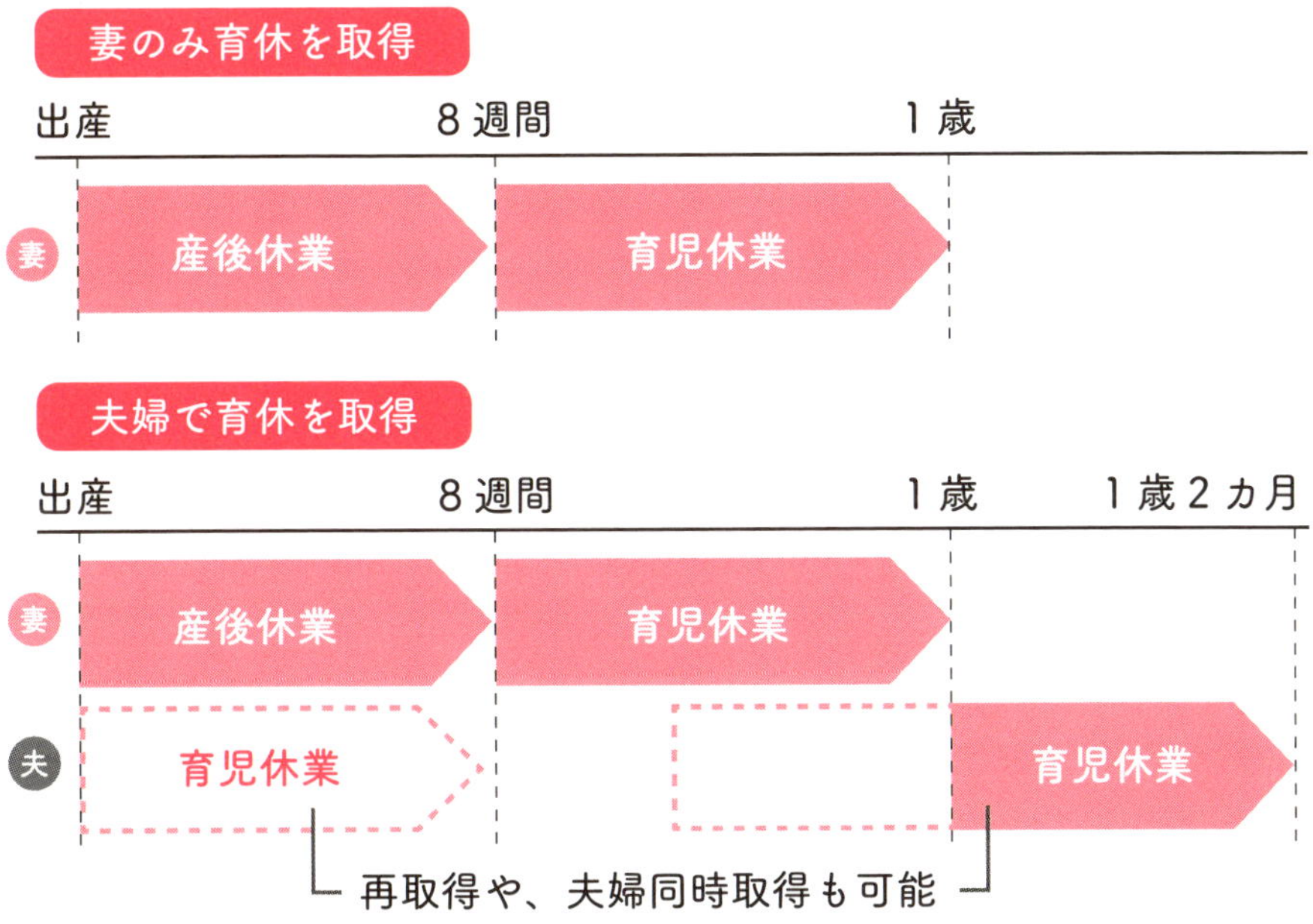

180日間は残業代なども含めた休業前の月収の67%相当になりました。181日目以降も50%支給されます。育児休業期間中は厚生年金や健康保険料の支払いが会社も個人も免除されます。さらに前述の給付金に税金もかからないため、意外と手取り額は残ります。

育児休業取得中に今後のライフプランの見直しを

夫婦で協力し合って面倒を見られる赤ちゃんの時期は、一生のうちでほんのわずか。育児期間中は、忙しい共働き夫婦でも二人で話し合う時間が持ちやすいので、ライフプランの見直しに絶好の期間でもあります。夫婦で一緒に家事や育児をする時間の中で、子どもの教育方針を話し合ったり、自分たちの今後の働き方、将来の夢をじっくり話し合ってみてください。二人で同じ将来イメージを持つことは貯まる家計づくりの大きな基盤となります。

LESSON

05

妊娠、出産、子育て、家計……多方面から妻の働き方を考える

妻が出産退職すると生涯賃金が2億円マイナスに!?

結婚後すぐに子どもに恵まれたという方、おめでとうございます。子どもの成長をそばで見守りたいという気持ちから、出産後は仕事を辞めることを検討している人もいることでしょう。初めての赤ちゃんを授かり、感情的な判断をしやすい時期ではありますが、子育ての面からだけでなく、仕事を辞めた場合と辞めない場合の将来の家計の違いについても、ぜひ冷静に考えてみてほしいと思います。

内閣府発表の平成17年度版「国民生活白書」によると、妻が育休取得後も同じ企業で定年まで勤務した場合の生涯賃金が2億5737万円、出産で退職した妻が子どもが6歳になってからパートタイムで働いた場合の生涯賃金が4913万円。出産で一度仕事を辞めるかどうかで、生涯賃金に2億円以上もの差がつくということになります。もちろん、出産する年齢や仕事を辞めるタイミング、妻の雇用形態によっても差額は変わりますが、妻の収入がなくなるかどうかは、家計にとって大きな問題だということに違いはありません。

出産後に仕事を辞め、子育てが落ち着いてから働きはじめる場合も、そのときの**雇用形態によって収入に差が出ます**。パートやアルバイト、派遣社員、契約社員、正社員などの選択肢の中で、どんな働き

●妻の働き方による生涯賃金の違い

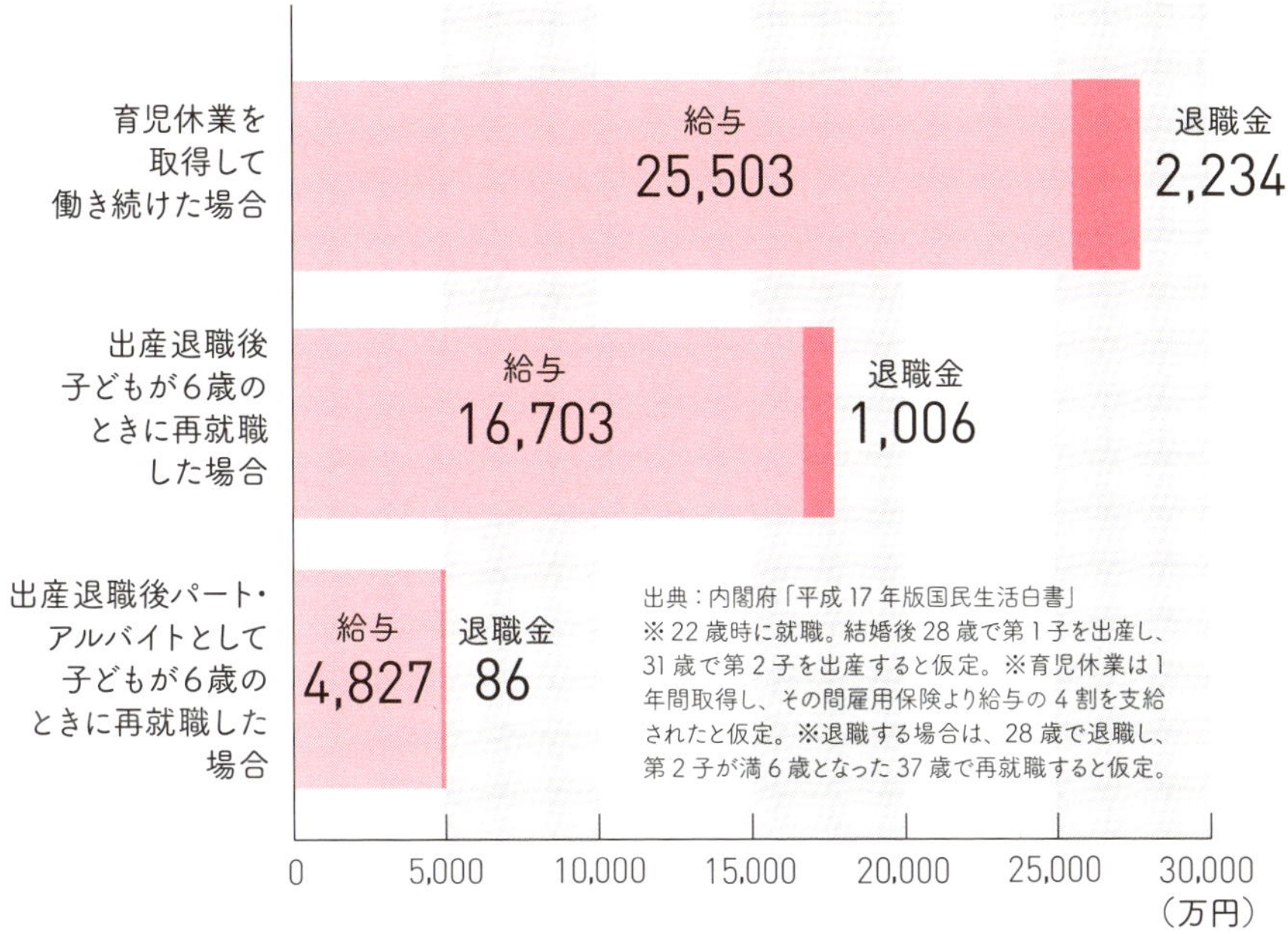

出典：内閣府「平成17年版国民生活白書」
※22歳時に就職。結婚後28歳で第1子を出産し、31歳で第2子を出産すると仮定。※育児休業は1年間取得し、その間雇用保険より給与の4割を支給されたと仮定。※退職する場合は、28歳で退職し、第2子が満6歳となった37歳で再就職すると仮定。

方を選ぶのかによって、月のお給料の金額や拘束時間のほかにも、雇用の安定度や昇給、引かれる税金・社会保険料なども変わってきます。自分のスキルの棚卸しをしながら、冷静に将来の働き方を考えておきましょう。

妊娠・出産しても簡単に仕事を辞めないで！

最近は、少子化問題の対策などもあって、ひと昔前と比べると子育てをしながら働きやすい環境がずいぶん整ってきました。しかし、いったん仕事を辞めてしまうと、子育てをしながら以前と同等の条件の仕事に就くことは相当困難だと思ってください。ブランク期間が長くなるほど、復職へのハードルは高くなります。出産を機に仕事を辞めるときは、希望する職種に就けない、希望する労働条件で働けないなど、キャリアの選択の幅が狭くなっていくことを覚悟しておきましょう。

LESSON 06

教育費を考える前に二人の教育方針の確認を

公立か私立かどちらに進んでもいいように備えたいわ！
家も買いたいし私立に行かせるのは無理じゃない？

育った環境の異なる夫婦は教育プランのくい違いに注意

子どもの教育方針について、二人はどんな考えを持っているでしょうか。おそらく夫婦で小学校入学から大学進学までの教育プランがすべて一致していることはめったにないと思います。なぜなら、自分が常識だと思っている理想の教育方針は、その人が育った環境に影響されることが多いからです。中学、高校と私立に通っていた妻は、子どもにも同じ教育を受けさせたいと思うでしょう。高校まで公立だった夫は、わざわざお金のかかる私立に通わせることはないと考えるかもしれません。

どこかでくい違ってしまうと、二人の意見を合わせることは大変な作業です。そんなときには、教育プランのことから一旦離れて、お金の面で教育費を考えてみましょう。

ほかのライフプランと合わせて教育費を考える

たとえば、小・中学校など早いうちから子どもを私立へ通わせたい場合、マイホームや家族計画の面なども考慮して検討する必要があります。

小学校から大学まで私立だった場合、公立の約3倍近い学費がかかります（⬇P175）。小学校入学から大学卒業までの16年間、毎年ほぼ100万円以上の学費がかかります。特に小学校6年間の学費が最も大きいため、本来「お金の貯めどき」（⬇P78）であるはずの小学校卒業までの間に**教育コストがかさんで、住宅ローンの支払いなどに大きな影響が出てくる可能性があります。**

教育費にはお金をかけたいというなら、マイホーム資金を抑えるなどほかで節約するか、夫婦共働きでがっちり稼ぐなど、総合的な視点からムリのないマネープランを立てることが重要になります。

また、子どもが何人ほしいのか、2人目、3人目の子どもは私立なのか公立なのかによっても教育コストは雲泥の差になります。

教育費の相談に来られる方の話を聞いていると「長男は大学まで行かせたいけれど、長女は高校か短大までで十分」と、子どもの性別で教育方針を変えているケースも見られます。子どもが小さいときには親が教育方針や進路を決めますが、子どもが自分の意思で考えられる年齢になってからは、本人の意思を尊重してあげることが重要です。

将来、子どもが金銭的な理由で進路をあきらめるということがないように、早いうちから話し合い、いろいろな可能性に対処できるだけの教育費は備えておきたいですね。

LESSON 07

子どもが3歳からは保育料が安くなる

保育料で家計がピンチでも……子どもが0~2歳までの辛抱！

共働き夫婦の育児休業が終わると、子どもを保育園に預けて働くことになります。育児休業明けにしばらく時短勤務を選択できる企業もありますが、その分お給料も減額されるので、保育料の支払いを大きな負担に感じるでしょう。そんなとき、子どもを預けるために稼いだお金が消えていくのでは働く意味がないと思ってしまいがちです。特に、妻は子どもと長くいたい気持ちもあり、働くことに空《むな》しさを感じるこの時期が、仕事を辞めたくなるピークといってもいいかもしれません。

しかし子どもが3歳をすぎたころから保育料は安くなります。仕事を辞めたくなるピーク時が、実は一番の辛抱のしどころであるともいえるのです。

子どもの成長で安くなる保育料

保育料が安くなる理由は、3歳以降は0~2歳の子どもより手がかからなくなるため、ひとりの保育士がお世話できる子どもの数が増えて保育園の人件費が抑えられるからです。

国の基準に従い公費で運営される「認可保育園」の保育料は、子どもの年齢と親の所得状況によって決定されます。

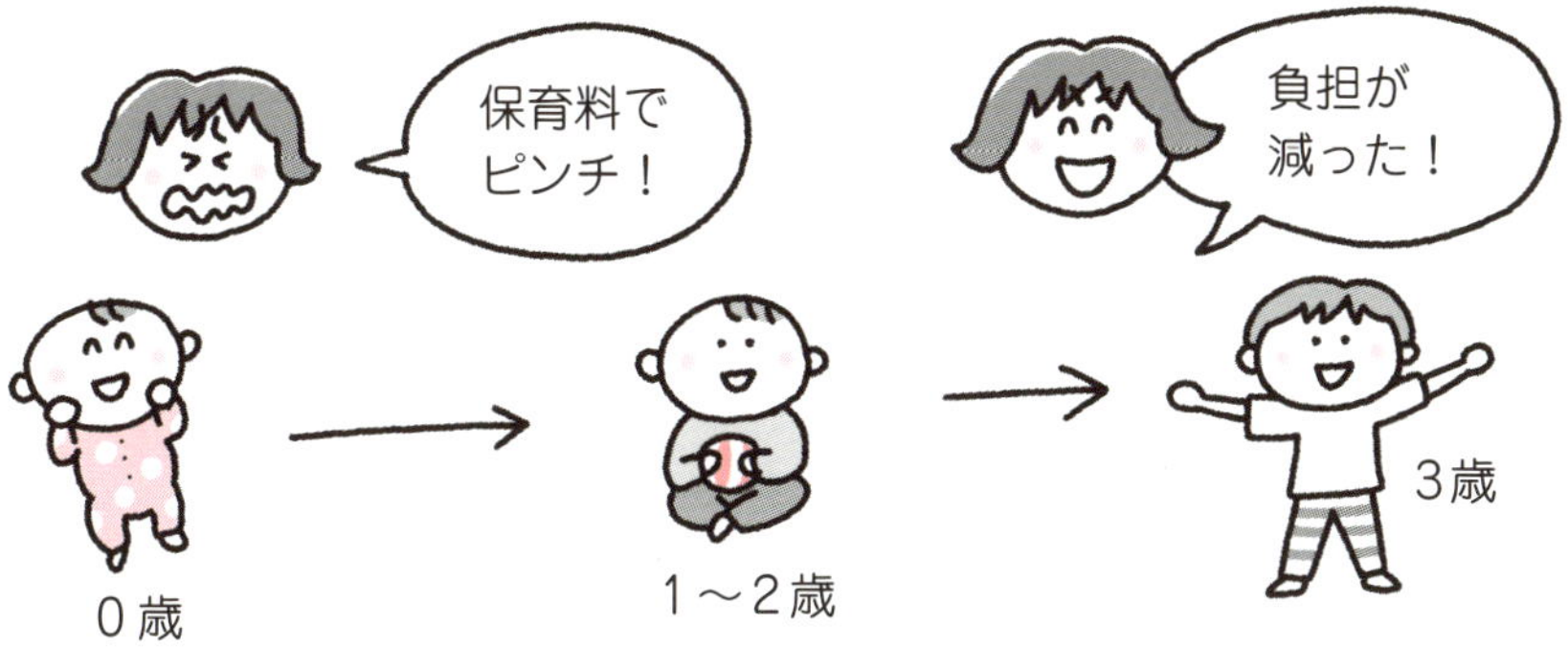

第6章

各自治体によって金額は異なりますが、全体的に0~2歳の保育料が高めで、3歳以降になると安くなる傾向があります。このため、3歳をすぎた子どもを預ける場合、地域にもよりますが、所得の高い家庭でも月2万円台まで保育料が下がることが多いようです。一方、独自の基準で運営される**「認可外保育園」では、保育料を各園が独自に決めています。**私立の認可外保育園は保育料が高いイメージがありますが、高所得の共働き夫婦が0~2歳の子どもを預ける場合に限っては、認可保育園とそれほど大きな差は出ないことも。

ちなみに週に数日だけ預けたいという場合は、利用時間に応じて保育料が決められる認可外保育園のほうが安くなることもあります。3歳からは保育園だけでなく、幼稚園という選択肢も加わります。私立幼稚園の場合、保育料は月3万円程度かかります。私立幼稚園より、給食やおやつ付きの認可保育園のほうが保育料が安くなる可能性もあります。

LESSON

08

公立か私立か子どもにかかる費用はこんなに違う

オール私立かオール公立かで最大3倍以上も差が出る！

子どもにかかる幼稚園から大学までの教育費は、「ひとり当たり1000万円」とよくいわれます。塾や習い事なども含めた平均的な費用ですが、実際には、公立か私立かによって、大きな差が出ることになります。

たとえば、左ページの上の表を見てください。幼稚園から大学までオール公立だった場合には約773万円ですが、幼稚園から大学までオール私立だった場合は約2206万円になり、実に**最大で3倍近くもの差**が生じます。

公立か私立かの選択には夫婦の考えが基本になりますが、現実問題として私立と公立の絶対数から選択肢が狭まる可能性もあります。

まず幼稚園の絶対数は、地域によって異なるものの、全国の幼稚園のうち約62%が私立幼稚園という文部科学省のデータもあります。つまり数からすると、幼稚園は私立へ通わせる可能性が高いことになります。反対に小学校は私立の数が日本全体で約1%しかないため、私立へ通わせるほうが難しくなり、公立を選択する可能性が高くなります。仮に幼稚園の3年間は私立、小学校の6年間は公立へ通わせたとすると、幼稚園入園から小学校卒業までの9年間に必要な教育費は約329万円になります。

●私立・公立の教育費

（単位：円）

	1年間の学習費総額	通学年数	在学期間の学習費合計
公立幼稚園	230,100	3	690,300
私立幼稚園	487,427	3	1,462,281
公立小学校	305,807	6	1,834,842
私立小学校	1,422,357	6	8,534,142
公立中学校	450,340	3	1,351,020
私立中学校	1,295,156	3	3,885,468
公立高校	386,439	3	1,159,317
私立高校	966,816	3	2,900,448
国立大学	673,700	4	2,694,800
私立大学	1,319,700	4	5,278,800

※学習費には、給食費・学校外活動費を含む
幼稚園～高校（文部科学省「子どもの学習費調査」平成24年度）
大学（日本学生支援機構「学生生活調査」平成24年度）

オール公立
約773万円

オール私立
約2,206万円

中学校・高校・大学の10年間をどうするかが大きな分かれ目

私立中学校の数は全体の約7％、私立高校は約26％、私立大学は約77％です。数からすると中学校・高校は公立、大学は私立へ行く可能性が高そうですが、単純に割り切れないのがこの時期の選択です。

中学校からは、私立の中高一貫校へ進学する子どもの割合が増えてきます。友人の子どもが中学受験の勉強をはじめたりすると、自分たちは私立志向でなかったにもかかわらず、私立を選択することになった、などという話は意外にもよくあること。中学受験をする場合、小学校4年生ごろから中学受験塾の塾代がかかります。また、一度私立を選択すると、その後も私立に通う場合が多く中学校、高校、大学と怒涛《どとう》の勢いでお金が出ていきます。私立に通わせる場合は家計に支障がないか検討を重ね、周囲に流された選択をしないように気をつけましょう。

LESSON 09

高校卒業までの教育費は家計から捻出！

公立小学校に通っている6年間は家計への負担が最も軽い時期

子どもの教育プランが固まったら、今度はその費用をどのように払っていくことになるのか具体的に考えてみましょう。基本的に高校卒業までにかかる教育費は、すべて家計でまかなうことになります。

家計への負担が最も軽いのは、公立小学校に通っている期間です。学校に納めるお金は月の給食費や教材費程度で、経済的負担は少なくてすみます。

ただし、塾通いや習い事をさせるとその分お金がかかり、家庭によって支出に差が出る部分です。専門の先生や教室で学べばそれなりに高くなりますし、自治体や自治会などが主宰する習い事なら安くすむでしょう。家計から捻出するのが難しい場合でも、子どもが習い事を望んでいたら経済的な理由であきらめる前に、お金をかけずに実現できる方法がないか探してあげてください。

中学校に上がると家計の負担は大きく一段上がる

子どもが中学生になると、部活代や交際費にもお金がかかりはじめます。部活動に必要な道具、備品代をはじめ、合宿代や遠征代なども発生して家計に大きな負担になることもあります。

子どもの交際範囲が広がり、映画や買い物など友

●子育て前と子育て中の家計簿の変化

夫婦のみと、夫婦＋子二人（小学生・中学生）の家計簿を比較

	夫婦二人	夫婦＋子二人	比較
手取り	460,000	500,000	⬅手取りは昇給してアップ
児童手当		20,000	
住居費	100,000	120,000	⬅広い家に引っ越してアップ
水道光熱費	20,000	20,000	
通信費	25,000	35,000	⬅子どもに携帯を持たせてアップ
保険料	20,000	25,000	⬅保障を増やしてアップ
食費	70,000	80,000	⬅人数が増えてアップ
教育費		70,000	⬅学費や部活動費などでアップ
日用品代	20,000	22,000	⬅人数が増えてアップ
被服・美容代	40,000	30,000	⬅節約でダウン
レジャー費	30,000	20,000	
交際費	40,000	20,000	

貯金	95,000	78,000	⬅貯蓄は手取りの15%程度にダウン

達同士のお金を使う外出も増えてきます。外食代、洋服代、携帯電話を持たせたら通信費もかかり、大人と同じような支出も多くなります。さらには、高校受験を控えて塾代がかさむことも予想されます。公立中学3年生の平均的な塾代は、月約3・2万円です。中学生からは、今まで以上に大きな教育費がかかってくることを覚悟しておきましょう。

高校に上がると、公立の場合は授業料無償化（2014年より所得制限あり）により家計への負担は以前より少なくなりました。しかし通学の定期代や友達同士の外出の交通費がふくらむ、外食や身なりにかける費用がふくらむといった負担の増加もあります。そして、**大学受験のための高校3年生の平均的な塾代は公立で月約1・6万円、私立で月約2・9万円と大きな負担になります。**

子どもの成長に伴う教育費の変化を想定して、そのつど、家計のバランスを立て直していくようにしましょう。

第6章

LESSON 10

子どもが18歳になるまでに大学費用300万円を貯める！

0歳から毎月1万3900円ずつ貯めると18歳で300万円に

子どもが生まれたらすぐに準備をはじめてほしいのが、大学費用です。大学に進学する18歳に向けて、子どもひとりにつき300万円の貯蓄を目指しましょう。私立大学の4年間でかかる教育費は約527万円です（➡P175）。したがって500万円貯められるのが理想ですが、最低でも300万円貯めておけば、不足分は家計からのやりくりと奨学金の利用などで乗り切ることができます。18歳までに貯めるには、毎月決まった金額を積立するのが確実。**開始が早いほど、1カ月当たりの積立額が少なくてすみます。**

子どもが0歳から毎月1万3900円ずつ積立すると、18歳時には元金だけで300万円貯まります。あるいはお金の「貯めどき」（➡P78）を意識して、子どもが生まれてから小学校を卒業するまでの12年間に一気に貯めるのもひとつの手です。

仮に0歳から月2万円ずつ積立したら、12歳時には元金だけで288万円貯まります。この場合、金利1％として、積立期間中も、12歳で積立が終わったあとも複利運用を続ければ、利息が利息を生んで18歳時には326万円が用意できます。

預け先の金利が高いほど、また運用期間が長いほど、お金が増えるスピードが速くなるので、金利が高めのネット定期や利回りの高い学資保険を利用するなど貯め方を工夫して上手に増やしていきましょう。

もしも大学費用が足りないときは奨学金などの利用も検討しよう

18歳までに300万円貯めることができても、大学費用が不足することもあります。実家から離れてひとり暮らしをさせるなら、学費のほかに毎月の仕送りなどがあり、最低でも4年間で300万～400万円は余分にかかります。

日本学生支援機構の学生生活調査によると、2012年度は大学生の52・5％が奨学金を利用しています。奨学金には無利息で借りられる「第一種奨学金」と、利息がつく「第二種奨学金」があり、第一種奨学金のほうが成績や家計状況などの採用基準が厳しくなります。大学費用が足りないときには、奨学金や教育ローンの利用を検討しましょう（⬇P181）。

●子どもが18歳までに300万円貯まるひと月の積立額

金利0%で運用する場合

（単位：円）

積立開始時の子どもの年齢（積立期間）	積立額
0歳（216カ月）	13,900
5歳（156カ月）	19,300
10歳（96カ月）	31,300

（例）普通預金金利　0.02%

金利1%で運用する場合

（単位：円）

積立開始時の子どもの年齢（積立期間）	積立額
0歳（216カ月）	12,700
5歳（156カ月）	18,100
10歳（96カ月）	30,100

（例）学資保険　実質金利　0～1%

金利3%で運用する場合

（単位：円）

積立開始時の子どもの年齢（積立期間）	積立額
0歳（216カ月）	10,400
5歳（156カ月）	15,800
10歳（96カ月）	27,800

（例）ネット定期金利（キャンペーン時）2～4%

LESSON 11

オール公立派でも「想定外」の教育費に注意

こんなはずではなかった教育費の想定外

しっかりと子どもの教育プランを固め、それに合わせて教育費を備えていても、現実は理想どおりにいかないことがあります。

たとえば、夫婦ともに公立志向で、小学校から高校まで公立に通わせたいと考えていても、子どもが小学校高学年になり、「友達と同じ塾に通いたい」といい出したため、親心で子どもの希望をかなえてあげたところ、そのまま**友達と同じ私立の中学を受験する流れになった**、などという話はよくあることです。

あるいは、公立高校を受験したものの不合格となり、すべり止めで受けた私立高校へ進学せざるをえなくなったというケースも実際には多いものです。私立と公立の教育費は、少なくとも2倍以上の差があります（➡Ｐ１７５）。ある程度の「想定外」が起こっても乗り越えられるように、教育費は余裕を持って準備しておくことが大切です。

子どもが高校に入り、残すは大学のみとなってもまだ安心はできません。大学受験の結果、やむなく浪人を選択する可能性だってあります。浪人をすると予備校代が年50万～70万円程度かかり、受験料ももう1回分必要です。

また、大学卒業後に大学院へ進む道もあります。

特に理系の大学院進学率が上位を占めることから、子どもが理系を選択すると大学院へ進む可能性が高いことも覚えておきましょう。

教育費の〝もしも〟に対処する方法を知っておこう

このように、思わぬ事態で予定より教育費がかかってしまったときの対処法を、頭に入れておきましょう。

自治体で行っている私立高校の学費を助成・貸付する制度は、困ったときに頼れる方法のひとつです。たとえば東京都の場合、入学支度金制度を設けている都内の私立高校や私立高等専門学校に入学する際、入学費用のうちの20万円を学校が無利子で貸付する「入学支度金貸付事業」があります。また、奨学金や教育ローン、生命保険の貸付制度などを利用する、あるいは祖父母から贈与を受けることなども可能かどうか確認しておくとよいでしょう。

●教育費のピンチに利用できる制度

私立高校入学支度金貸付制度

入学支度金制度のある私立高校なら、入学時に必要な費用の一部を無利息で借りられる。

私立高校授業料助成制度

自治体が行う私立高等学校に通う生徒の授業料の一部を助成（返済義務なし）する制度。対象となる条件を満たしていれば申し込める。

育英資金貸付

都内の高等学校等に在学で、経済的理由により修学が困難な場合に無利息で奨学金を貸す制度。一般募集、特別募集、予約募集がある。

日本学生支援機構奨学金

利用者が最も多い奨学金制度。貸与制で、無利子の「第一種奨学金」と有利子の「第二種奨学金」がある。「第二種奨学金」は、「第一種奨学金」に比べて学力基準や保護者の所得による制限がゆるやかで、募集人数も多い。予約採用、在学採用、緊急（応急）採用がある。

生命保険の契約者貸付

貯蓄性のある生命保険に加入していれば、解約返戻金の一定範囲内で一時的にお金を借りられる（有利子）。年金保険や学資保険からも貸付が受けられる。

教育ローン

国民生活金融公庫などが行う公的ローンと、銀行などが行う民間ローンがある。お金の使い道を就学関連費用に限定しているため、一般のローンに比べて金利が低い。親が借りる点が奨学金と異なる。

孫の教育費で
困ったら
いいなさい

LESSON 12

親のお金との付き合い方は バランスと距離感が大切

ははーっ
ありがたき
幸せっ

結婚後の親との付き合い方は頼るポイントを押さえる

　結婚して子どもができてからも、ことあるごとに実家の親からお小遣いをもらっているという人が実は意外にも少なくありません。特に結婚したばかりの人は、独身気分がなかなか抜け切らず、精神的にも金銭的にも親を頼りにしている場合が多いでしょう。家計のちょっとしたピンチを、そのつど親からの援助で乗り切っている人もいるかもしれませんね。

　これらは残念ながら、結婚して生計を営む夫婦として、あまりよいこととはいえません。それまで実家暮らしだった人にとっては、結婚してからのほうが生活の水準は劣るかもしれませんが、自分たちの家計は、自分たちの収入だけでまかなうようにしましょう。努力や工夫をして収入の範囲内で家計をやりくりしていくことで、親のお金に頼らなくてもすむ金銭感覚や生活力が自然と身についていきます。

とはいえ、大きなお金が必要になって、親に頼りたいと思うことも出てきます。

たとえば、住宅購入の費用や子どもの教育費などは、前々からお金を用意してくれている親もいるでしょう。かわいい孫の役に立ちたいと願って、援助を申し出てくれるケースもあります。こうした申し出はありがたく受けましょう。

住宅ローンや借金の返済に困ったときも、まずどちらかの親に相談しましょう。親のお金との付き合い方は、バランスと距離感が大切です。「困ったときだけ頼りにしている」という印象を与えないためにも、普段から感謝の気持ちを伝えるなど、ほどよい距離感で付き合いましょう。

親から金銭援助を受けると税金がかかることも

実の親でも、大きなお金の援助を受けると贈与税がかかります。**贈与されたお金が110万円（基礎控除額）を超えたとき**や、次にあげるような贈与税の非課税制度を利用する場合には、**確定申告が必要**になりますので、忘れずに税務署に申告しましょう。

また、親から住宅取得資金の援助を受ける場合も、一定金額以内なら税金がかかりません（➡P139）。さらに、祖父母が孫に教育資金を援助するなら、孫ひとりにつき1500万円まで税金がかからない制度もあります。この制度は2015年12月末までの期間限定なので、利用するなら急いだほうがよさそうです。

親からの資金援助は税金がかかる場合があることに気をつけながら、利用できる制度は大いに活用して上手に援助を受けましょう。

第6章

column 6

将来に生かせる
自己投資のすすめ

独身時代は積極的に自己投資をしたけれど、結婚してからはなんとなく遠ざかっているという人も多いのでは。取りたい資格、好きなことや興味のあることがあったら大切な種として育て、転職やキャリアアップに生かしたり、子どもが生まれてからの将来の働き方などに生かせるように準備しておきたいですね。

子育てをしながら通信講座などで資格を取り、時間の自由がきく起業という生き方を選んで働くママさんも今はめずらしくありません。また、趣味や特技を生かし、結婚後に自宅でワークショップを開いたり、講演やセミナーなどの活動をして稼ぐ女性もいます。

資格取得やスキルアップを考えるなら、雇用保険の「教育訓練給付制度」の活用をおすすめします。指定講座を一定期間内に受講し終えると、受講料の２０%が戻ってくるというお得な制度です。手続きはハローワークで行います。

自己投資をお金につなげるためには、途中で勉強をやめたり、資格取得をあきらめたりしないことです。また、時代のニーズを読み解くことも大事。今後も安定した高いニーズが見込まれる介護資格をはじめ、求人枠が急増している資格、世間の関心が高まっている資格などをチェックすると、将来に役立つ資格が見えてくるでしょう。同じ目標や趣味をもった人同士のサークルなどに参加して、仲間と意見交換したり刺激し合うのもモチベーションが高まるよい方法です。

LESSON

第7章

税金・年金ってどうすればいいい？

妻の実家
元気にやっているかい
うん。おばあちゃんこの前の温泉旅行はどうだった？
ああ。おかげさまでとても楽しめたよ
そっか、よかったね。今度は私たちと食事に行こうよ
嬉しいね。年金暮らしでも、食事くらいはご馳走《ちそう》するよ
そんな、気を遣わないでよ。私たちだってちゃんと稼いでるし
あんたたちはこれからお金を使うことがたくさんあるんだから、しっかり貯めておきなさい
大丈夫よ！住宅資金に教育費でしょ。ちゃんと考えてるわ
おや、老後のお金が抜けてるじゃないか
だって老後は年金がもらえるじゃない。うちは共働きだし…

年金だけでは暮らしていけないよ
うちは自営業だから国民年金しかもらってないが、60すぎてから5年間は年金がもらえないからね
60
定年
65
年金スタート
ええっそうなの？年金って定年からすぐもらえるわけじゃないのね
お前の会社はちゃんと社会保険に入っているのかい？
年金や健康保険は大切だからね
えーと、多分入ってると思う
お前の旦那もちょっと頼りないからね。
年金や税金は払うべきときにしっかり納めないと、あとが大変だよ
そういえばあの人、ちゃんと税金と年金払ってるのかしら…？
うぬぬ…

税務署から郵便よ
あっしまった。昨年の住民税すっかり払い忘れてた
ちょっと、これ延滞金かかってるわよ！
ごめんごめん、明日払いに行くよ
ねえあなた、年金はちゃんと払ってるわよね？
うーん、多分払ってるんじゃない？
でも将来年金なんてもらえるかわかんないし
私たち、将来いったいいくら年金もらえるのかしら？このままじゃ老後が不安だわ…！
将来の年金のことはねんきんネットで調べてみましょう！
あれ？氏家先生の声がする!?

こっちよ！どうやら年金や税金のことで漠然《ばくぜん》とした不安を抱えていますね
先生…
まずは、給与明細を見て自分が払っている税金と年金をよく知っておきましょう
いつも振込金額しか見てなかった！
私も…
日本の年金は職業によって変わる制度です！
自分がどこに当てはまるのか確認して！
第１号
自営業者とその家族・学生
第２号
会社員・公務員
第３号
会社員（公務員）の配偶者
俺たちは第２号だ！
女性の場合は夫の扶養に入るかどうかで、払う金額も変わるから、将来の年金額も働き方と一緒に考えるといいですね

LESSON 01

給与明細をしっかり見ると税金のことがわかる

もらえるお金と引かれるお金の中身を確認しよう

会社から受け取る給与明細、きちんと内容を確認していますか。手取りの金額だけを見て、あとはゴミ箱にポイ！　なんていう人もいるかもしれませんね。給与明細を受け取ったら、「もらえるお金」と「引かれるお金」の両方の中身を確認するようにしましょう。

もらえるお金は、基本給に各種手当を足した総支給額を見ます。基本給とはお給料の基本となる部分で、定期昇給があったときには金額がアップします。ボーナスはよくお給料の○カ月分といういわれ方をしますが、その計算は、残業代などを除いたこの基本給の金額にもとづきます。残業手当や成果報酬などで毎月の支給額が大きく変動する人は特に、手当にあまり頼らない家計づくりを目指しましょう。

また、家族手当は、妻や子どもを扶養している場合に出る手当ですが、支給基準は会社によって異なります。会社の方針によっては今後消えてしまう可能性もありますので、こちらも極力当てにしないことが得策です。

引かれるお金は大きく2つ

引かれるお金は、「社会保険料」と「税金」の2つ

●給与明細の例

もらえるお金

基本給	家族手当	時間外手当	通勤手当	総支給額
270,000	0	19,500	15,000	304,500

引かれるお金

健康保険	介護保険	厚生年金	雇用保険	社会保険料合計
13,958	0	23,968	1,522	39,448
所得税	住民税			控除額合計
6,530	6,500			52,478

（健康保険〜雇用保険：社会保険料／所得税・住民税：税金）

差引支給額
252,022

に大きく分けられます。**社会保険料は、病気やケガに備える健康保険、介護状態に備える介護保険、老後、障害状態、配偶者の万が一に備える厚生年金保険、失業に備える雇用保険**の4つがあります。このうち介護保険料は40歳になってから払うことになります。これら社会保険でカバーされる保障をよく理解して、足りない分の保障を民間の保険などでカバーするようにしましょう（➡P110）。

税金は、国に納める「所得税」と、地方自治体に納める「住民税」があります。所得税はその年の課税所得に対して支払う税金で、税率は5〜40%の6段階に分かれています。高所得者ほど多くの税金を納める仕組みです。住民税は基本的に全国どこに住んでいても税率は10%で、前年の所得をもとに計算して1年遅れで支払います。会社によっては住民税を給料から天引きせず、個人に納税を任せているところもあります。その場合は、毎月の給料から計画的に住民税分を取り分けておきましょう。

LESSON 02

結婚したら年末調整で手続きが必要になるケースも

12月の給与はいつもの月より多くなる!?

年末調整とは、文字どおり毎年「年末」近くに税金の差額を「調整」する作業です。11月の中旬から下旬ごろ、会社から書類が配られて、必要事項を記入するように指示された経験があると思います。その書類をもとに、会社が社員ひとりひとりの正しい税額を計算し、12月の給与で差額を調整します。

会社では、毎月の給与から概算の所得税を天引きして、社員にかわって税金を納めています。そのとき、少し多めに税金が天引きされていることが多いため、年末調整がある12月のお給料では、払いすぎた分の税金が払い戻されていつもの月より支給額が多くなる傾向があります。もちろん、お金が戻る人ばかりではなく、年末調整によって足りなかった税金を追加徴収される人もいます。

結婚した人は年末調整のここに注目

税金を考えるときにおさえておきたいのが「所得控除」です。控除とは「差し引く」という意味です。年収からさまざまな所得控除を差し引いて課税所得を計算し、そこに税率をかけるとその年の税額が決まります。つまり、同じ給料でも、差し引く所得控除が多い人は、その分税金が安くなり、年末調整で戻ってくるお金が多いということになります。

所得控除には、「配偶者控除」「生命保険料控除」「住宅ローン控除」などさまざまな種類があります。

結婚した人がまず注目したいのは、配偶者控除です。妻（または夫）の年収が103万円以下の場合には配偶者控除が適用されます（➡P200）。

「生命保険料控除」にも注目しましょう。生命保険、介護医療保険、個人年金保険の3つの分野があり、それぞれ年間8万円を超える保険料を払うと年間4万円が所得から控除されます。ただし、4万円すべてが戻るわけではありません。たとえば所得税率が10%の人であれば、4万円に税率10%をかけた4000円の所得税が戻ります。また、翌年の住民税も約2800円安くなることになります。

10月の半ばごろに保険会社から届く「生命保険料控除証明書」を年末調整のときに会社に提出すれば手続きは完了します。大事な書類ですから、なくさないようにしましょう。

●年末調整で申告をする必要がある例

家族を扶養している人

扶養家族とその年齢を記入
➡扶養控除、配偶者控除

生命保険や地震保険に加入している人

「生命保険料控除証明書」「地震保険料控除証明書」などを提出
➡生命・地震保険料控除

住宅ローンを借りて2年目以降の人

「給与所得者の（特定増改築等）住宅借入金等特別控除申告書」「住宅ローン残高証明書」などを提出
➡住宅ローン控除

…など

※フリーランス・自営業者の場合は確定申告で申告する

LESSON 03

会社員でも確定申告で払った税金が戻ってくる

昨年
入院していて
確定申告で
少しお金が
戻ってきた！
ヤッター

確定申告をするのは自営業やフリーランスの人だけではない

1月1日～12月31日の1年間に稼いだお金から、所得控除を差し引いて所得税を計算し、税務署に申告するのが「確定申告」です。1年間の収入や所得を申告し、納める税額を確定することからそう呼ばれます。翌年の2月16日～3月15日までの間に「確定申告書」を作成して、税務署に提出します。

確定申告は、「サラリーマンには関係ないもの」「自営業やフリーランスの人に義務があるもの」と思っている人もいるかもしれませんね。しかし、実際はそうとは限りません。会社員も前年にあった出来事によっては、確定申告をする必要があります。

確定申告をすると、会社員でも税金が払い戻される場合があります。これを「還付申告」といいます。

確定申告で得をする会社員はこんな人

まず、**夫婦の合計の医療費が前年の1年間で10万円以上あった場合は、「医療費控除」**が受けられ、税金が戻る可能性があります。年間医療費の自己負担が10万円を超えた分に対して、税率をかけた金額が払い戻しになります。所得が高い人＝税率が高い人のほうが多く戻りますから、共働き夫婦の場合は、収入が多いほうが申告しましょう。病気やケガの治療代はもちろん、歯の治療費や、妊娠出産にかかった検診・分娩費用、市販の風邪薬を買った場合なども控除の対象になりますので、領収書やレシートは大切に保管しておいてください。

また、家を買って住宅ローンを組んだ人は、必ず確定申告が必要です。**住宅ローン年末残高の1%が10年にわたり控除される「住宅ローン控除」**が受けられます。こちらは税額控除のため、控除額がまるまる戻る可能性があります。住宅ローン年末残高が2500万円だったとしたら、2500万円×1%＝25万円分が戻ります。ただし、納めていない所得税は戻せませんので、納税した金額が上限になります。ちなみに、2年目以降は会社の年末調整で手続きができるようになります。

ほかにも、前年に2000円を超える寄付をした人は、確定申告をすることで「寄附金控除」が受けられます。たとえば、ふるさと納税でどこかの自治体に2万円寄附した場合、自己負担分の2000円を差し引いた1万8000円分が戻ってきます。還付申告は、翌年に申告し忘れてしまっても、5年前までさかのぼって行うことができます。確定申告が初めてでよくわからないときは、税務署に問い合わせるとよいでしょう。

LESSON 04

今の年金制度の仕組みを知っておこう

日本の年金制度は3階建て 1階は全員加入の国民年金

若い世代の皆さんほど、年金制度に漠然とした不安を感じている人が多いかもしれませんね。でも、会社員は老後にもらえる年金が、自営業やフリーランスの人に比べて手厚いことは確か。では、それはなぜでしょうか。

日本の年金制度は、3階建ての仕組みになっています。1階は国民全員が20歳から60歳までの40年間加入を義務付けられている基礎年金「国民年金」で、原則として65歳以降に年金が支給されます。

自営業やフリーランスの人は、国民年金の「第1号被保険者」です。この人たちが、40年間滞納せずに国民年金を納めた場合、65歳をすぎてからもらえる年金は2014年現在、満額で年間77万2800円、1カ月当たり6万4000円ほどになります。

これでは将来が不安だという場合は、自助努力で2階の上乗せ年金「国民年金基金」に加入し、年金を手厚くすることもできます。

一方、会社員や公務員は国民年金の「第2号被保険者」です。国民年金に加え、2階の「厚生年金」や「共済年金」にも自動的に加入しているため、将来は「基礎年金と上乗せ年金の両方」を受け取ることができるわけです。また、会社が3階部分のいずれかの企業年金制度を用意していれば、その会社の社員はさ

●日本の年金制度の仕組み

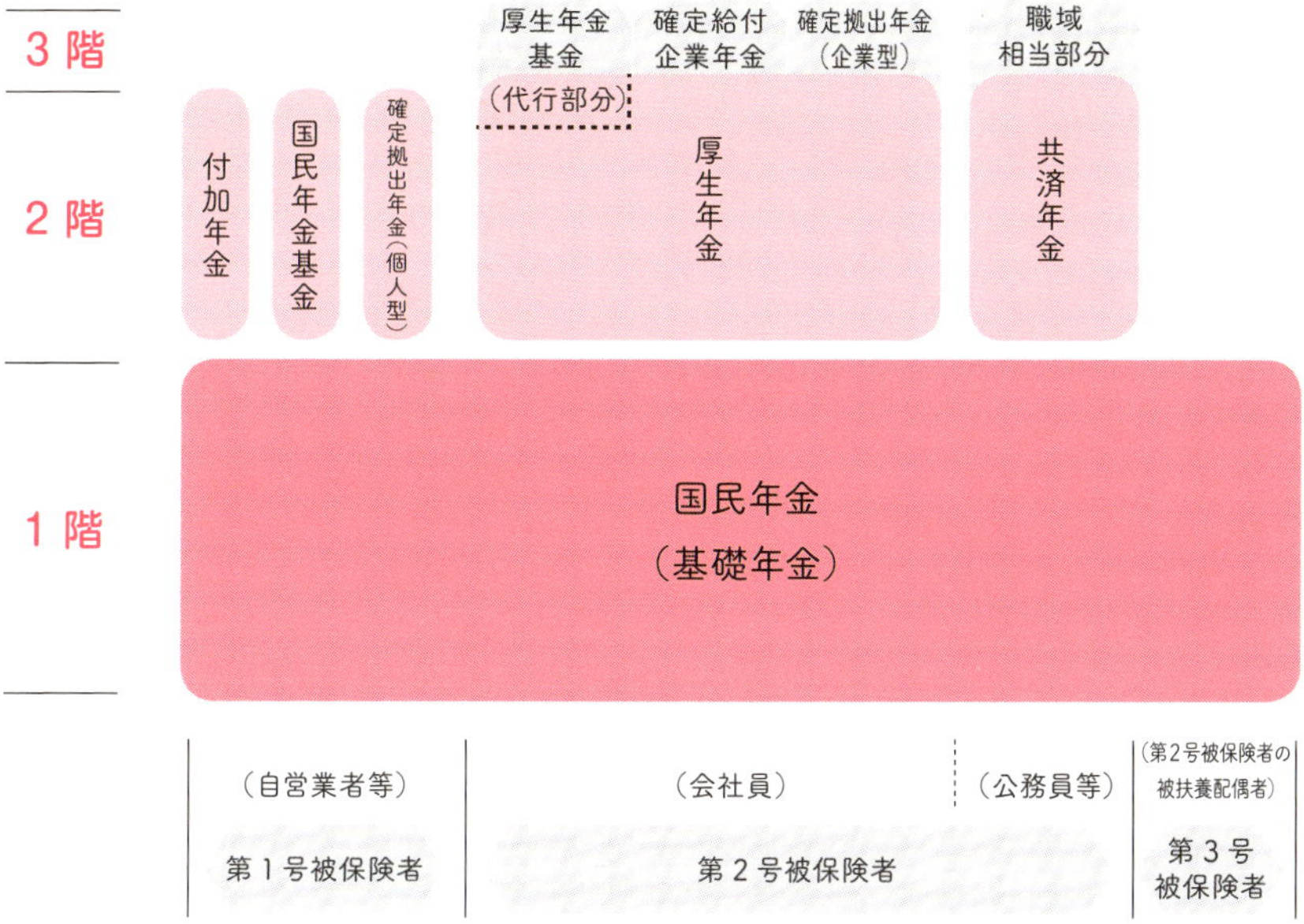

らに多く年金が支給されることになります。自分の会社がどんな年金制度に加入しているか、必ず確認しておきましょう。

会社員や公務員に扶養されている妻（または夫）で、年収が130万円未満の人は、国民年金の「第3号被保険者」です。保険料の支払いを免除されながらも、国民年金に加入でき、将来は第1号被保険者と同額の年金を受け取ることができます。

もらえる年金の額は人によって変わる

会社員がもらえる厚生年金の支給額は、働いていたときの給料によって変わります。給料が高かった人ほど保険料を納めた額も多くなるので、支給額も高くなります。自分がもらえる年金額を具体的に知りたい人は、「ねんきんネット」や「※ねんきん定期便」を活用して将来の年金額を試算してみるといいでしょう。

※公的年金の加入記録を本人が確認するために、加入者の誕生月に日本年金機構から毎年送付される通知書。

LESSON 05

年金は老後の備えだけでなく万が一のときにも受け取れる

障害を負ったときに受け取れる「障害年金」

年金は老後の生活の保障だけでなく、**病気や事故などで障害を負った場合にも保障が受けられる**ことをご存じでしょうか。たとえば、国民年金の加入者は、万が一のときに「障害基礎年金」が受け取れます。

国民年金法では、障害の程度に応じて重いほうから1級、2級、3級の等級が定められています。このうち障害基礎年金では1級に年額96万6000円、2級に年額77万2800円が支給されます。

また、厚生年金にも加入している会社員は、1級の場合も2級の場合も障害基礎年金にプラスして「障害厚生年金」が支給されます。さらに、国民年金では保障のなかった3級の場合でも、最低保障額57万9700円の障害厚生年金が支給され、3級より少し軽い状態でも115万3800円の「障害手当金」が一時金として支給されます。老後の年金と同じく、ここでも会社員は手厚く守られていることがわかりますね。

なお、障害年金を受け取るためには請求手続きが必要です。保険料の納付要件などを満たしていることが条件になり、配偶者や子どもがいる場合の加算もあります。一度きちんと調べておけば、民間の保険会社に加入する際に、保障内容が重複してムダになることもありません。

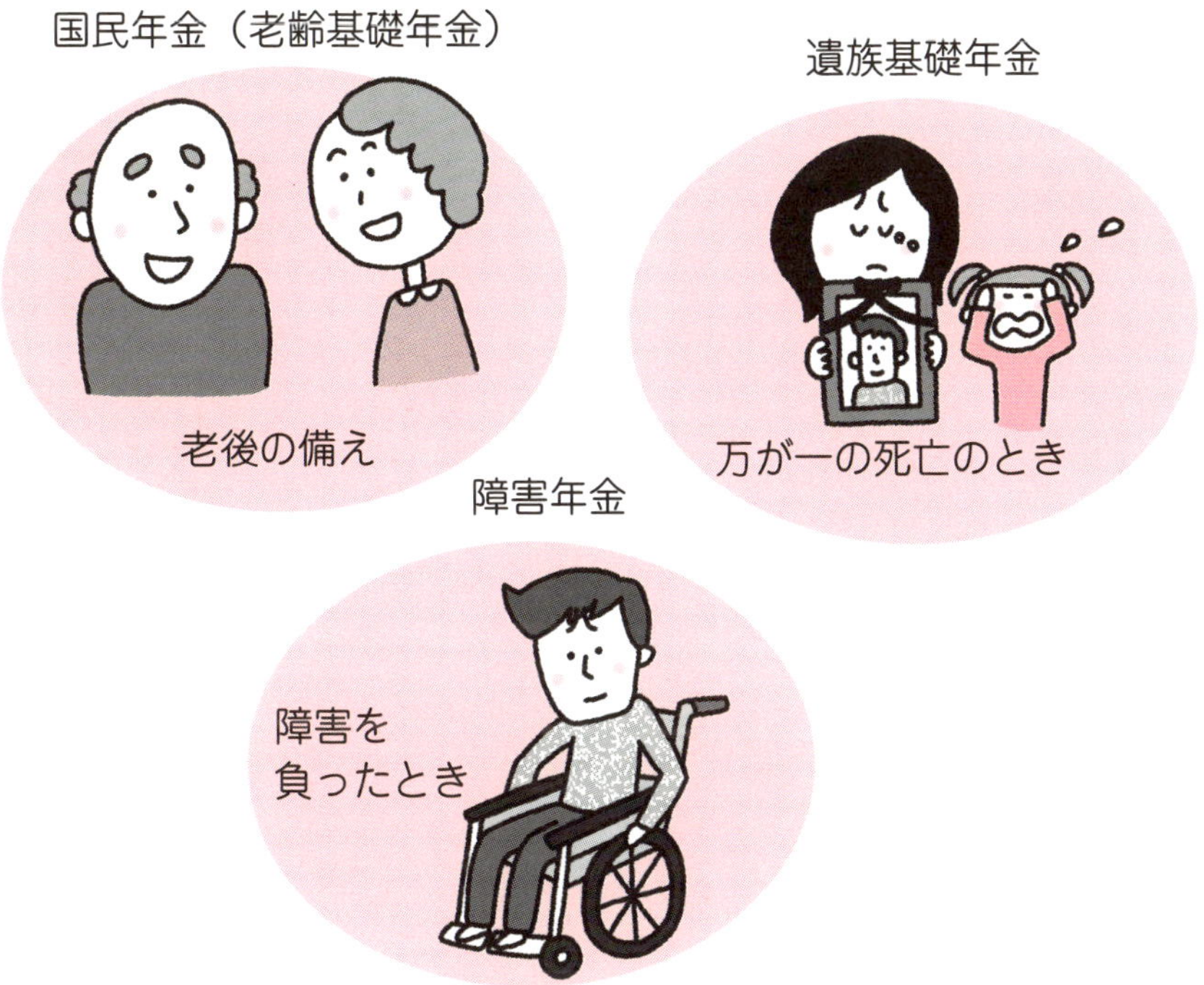

もしもの死亡時に子どもがいると手厚い「遺族年金」

遺族年金も、国民年金と厚生年金で保障内容が異なります。国民年金に加入する夫が死亡したとき、18歳未満の子どもがいれば、子どもが18歳になる年度末まで妻に「遺族基礎年金」が支給されます。支給額は妻＋子ひとりの場合で年額１００万円程度。しかし子どもがいないと、妻は遺族基礎年金をもらうことができません。

厚生年金に加入する夫が死亡した場合は、妻に「遺族厚生年金」が支給されます。支給額は夫の生前の収入の10％前後、年収４００万円なら年額40万円程度です。支給期間は、子どもの有無や妻の年齢によって異なりますが、たとえば子どものいない30歳未満の妻なら夫が死亡後5年間の期限付きでもらえます。また、子どもがいる妻の場合は遺族厚生年金にプラスして、遺族基礎年金ももらえます。

LESSON

06 妻の働き方で変わる税金と年金

「扶養の壁」に注目して妻の働き方を考える

結婚して夫の扶養家族に入って働く場合、「扶養の壁」に注意しましょう。

「１０３万円の壁」は所得税の壁です。妻の年収が１０３万円以下なら妻に所得税は発生せず、年収１００万円未満なら住民税も発生しません。さらにこの場合、夫は38万円の「配偶者控除」が受けられるため、夫の税率が10％の場合、38万円×10％＝３万８０００円、夫の所得税が安くなります。

仮に１０３万円を超えて、妻が１２０万円稼いだら、妻に８５００円の所得税が発生することになります。意外に大きな負担ではありませんね。

妻の年収が１０３万円を超えると、配偶者控除がなくなりますが、代わりに、１４１万円までは「配偶者特別控除」が受けられるので、控除額がなくなるわけではありません。こうしてみると、１０３万円の壁は世間でいわれるほど大きな損ではない気がしますね。

実は、１０３万円の壁よりも家計への影響が大きいのは、社会保険料にかかわる**「１３０万円の壁」**です。会社員（または公務員）の夫に扶養されている妻の**年収が１３０万円以上になると、所得税と住民税に加えて社会保険料が発生します**。妻名義で年金、健康保険に加入しなくてはならなくなり、一時的に

●妻の年収と税金・年金の関係

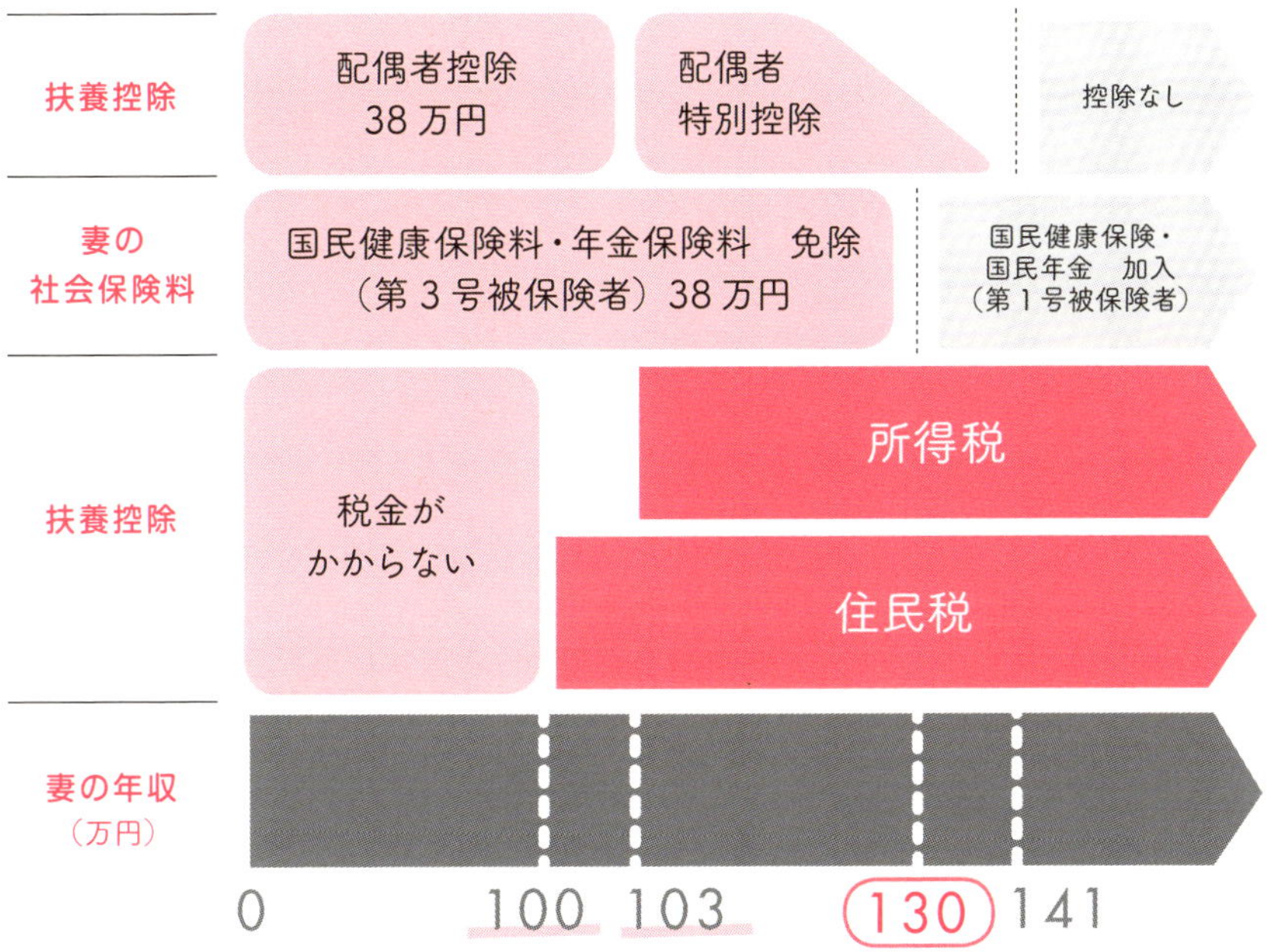

妻の手取り額が大きく減ります。ただし、160万円を超えれば、社会保険料などを踏まえても稼げば稼ぐほど手取りは多くなります。130万円の壁を超えそうなときは、年収160万円をひとつの目安にして、収入アップを目指すとよいでしょう。なお、2016年10月からは、現在の社会保険料の壁が130万円から106万円になるという話も。今後の制度改正にも注目です。

また、年金の面では、扶養されている妻で無職か年収130万円未満ならば、保険料を納めずに将来年金をもらえます（➡P197）。自営業やフリーランスの夫を持つパートの妻や専業主婦の妻の場合は、収入が0円でも自分名義で国民年金に入り、自分で保険料を納めて将来年金をもらいます。

このように、妻の働き方によって税金や将来の年金受取額が変わってきます。これからの世の中の動きや自分たちの将来を考え、どんな働き方を選ぶのか夫婦でよく話し合って決めましょう。

column 7

フリーランスの年金

自営業やフリーランスの人は定年がなく生涯働き続けることができる反面、会社員に比べて老後にもらえる年金が少ないのがネック。個人で加入できる年金制度を活用して、早め早めに老後資金づくりをはじめておくと安心です。フリーランスの老後資金づくりの方法として、「小規模企業共済」「国民年金基金」「個人型確定拠出年金」があります。各ホームページを参照して、検討してみるとよいでしょう。

また、国民年金の第１号被保険者（自営業者など）だけが入れる「付加年金」というお得な年金もあります。これは毎月の保険料に月額４００円の付加年金保険料をプラスして納めると、65歳以降に２００円×納めた月数の年金が毎年もらえるという制度。たとえば、付加年金を20年間払い続けたとすると総支払額は４００円×２４０カ月＝９万６０００円になります。この結果、65歳以降に２００円×２４０カ月＝年間４万８０００円が年金に上乗せして支給されることになります。

つまり、20年間払い続けた付加年金保険料の総支払額が、受給後わずか２年で元がとれる計算です。しかも、国民年金と同じ終身年金なので、長生きして3年目以降ももらい続ければますますお得になるという制度なのです。付加年金保険料の納付月数が長いほど老後に支給される額も増えるので、加入するならお早めに。付加年金は国民年金基金との同時加入はできませんが、個人型確定拠出年金との同時加入はできますので、積極的に検討してみる価値はありそうです。

Column 8

年金は繰り上げ・繰り下げ受給ができる

国民年金の加入者が65歳以降にもらえる老齢基礎年金は、希望すれば繰り上げして60歳からもらうことも、繰り下げして66歳以降にもらうこともできます。繰り上げをすると早く受け取れる分、もらえる年金が減り、繰り下げをすると遅く受け取る分、もらえる年金が増えます。それぞれ受給請求をした年齢（月単位）に応じて受給率が決まり、減額された場合も増額された場合もその率は一生涯変わりません。

たとえば、繰り上げをして60歳０カ月で受給請求した場合の受給率は70％ですが、この率は一生涯変わりません。老齢基礎年金の満額を年額80万円として計算すると、80万円×70％＝56万円となり、毎年80万円もらえるはずだった年金が56万円に減ってしまうことになります。反対に繰り下げをして70歳０カ月で受給請求した場合の受給率は１４２％で、70歳以降一生涯もらえる年金が、80万円×１４２％＝１１３万６０００円に増額されることになります。

繰り上げがお得か繰り下げがお得か悩むところですが、もしも平均寿命まで生きたとすると、男女とも繰り下げがお得になる可能性が高くなります。ただし、誰しも何歳まで生きるかは確定できないので、なんともいえない部分でもあります。

もしも定年後の生活に余裕がありそうなら、夫婦ともに繰り下げを選択するのも一案。あるいは女性のほうが平均寿命が長いことを踏まえて、妻の年金だけ繰り下げ受給にするという手もあるかもしれませんね。

節約したり、貯金を頑張る日々…
いこうぜ
わるい 今日は帰るわ
一年後
今月の
貯金額報告会
発表します!
今月で なんと貯金が…
ドゥルルルル
ドゥルルルル
40万円に なりました!!
400,000
おー!!
そして俺の 貯金も なんと!?
60万円!!
600,000

祝 100万円!
二人合わせて100万円突破!
¥1,000,000
ということは…
マイホームの夢も近づいてきた気がする
それからもうひとつ重大発表があるの
え?どうしたのあらたまって
実はね…
さらに5年後
お久しぶりです!
こんにちはー
いらっしゃい。お子さんがお生まれになったんですね。おめでとうございます

僕たちが今こんなに幸せに暮らせているのは先生のおかげです！
新婚のときは本当にありがとうございました
いえ、私はお手伝いをしただけで、お二人が助け合った成果ですよ
今日は家を買う相談に来ました。今度は頭金も用意しています！
来年この子も生まれるので
すばらしい！どこに住むことにしたのですか
夫の実家の近所に中古で家を買おうかと思っています
ちょっと郊外ですけどね
奥様はお仕事を退職されるんですか

はい。実は私、資格を取ったんです
この子が生まれたら、自宅でネイルサロンを開きたいと思っています
自分の店がほしいっていってたもんな～
お二人の夢がかなうそうですね
はい、次の夢はこの子たちがワールドカップに出てその試合を見に行くことです！
この人ったらはりきっちゃって、Jリーグのチームに入れたいっていってるんですよ
うふふ。大きな夢ができたみたいね
目標があると貯金もやる気が出ますからね！これも先生の受け売りですけど！
がんばろうぜー！
この調子でさらにすてきなご家庭を築いていってくださいね
もちろんです！

氏家祥美（うじいえ・よしみ）

女性のためのお金と仕事の相談室「ハートマネー」代表
ファイナンシャルプランナー、キャリアカウンセラー
第2子出産後にFP資格を取得し、2005年にFPの会社の設立に参画。講演、執筆、相談実務を行う。2010年に独立し、ハートマネー代表に。女性ならではの仕事や暮らしに目配りしたマネーアドバイスが好評。『手取りが減った人のお金のルール』（主婦の友社）ほか著書監修多数。

http://www.heart-money.net/

いちばんよくわかる！
結婚一年生のお金
2014年9月24日　第1刷発行

著者……氏家祥美
発行人……河上 清
編集人……姥 智子
編集長……古川英二

発行所
株式会社　学研パブリッシング
〒141-8412　東京都品川区西五反田2-11-8

発売元
株式会社　学研マーケティング
〒141-8415　東京都品川区西五反田2-11-8

印刷所
中央精版印刷株式会社

この本に関する各種お問い合わせ先

【電話の場合】
編集内容については　Tel 03-6431-1223（編集部直通）
在庫、不良品（落丁、乱丁）については　Tel 03-6431-1250（販売部直通）

【文書の場合】
〒141-8418 東京都品川区西五反田2-11-8
学研お客様センター『いちばんよくわかる！　結婚一年生のお金』係

この本以外の学研商品に関するお問い合わせは下記まで。
Tel 03-6431-1002（学研お客様センター）

学研の書籍・雑誌についての新刊情報・詳細情報は、下記をご覧ください。
学研出版サイト　http://hon.gakken.jp/

編集
童夢

校正
みね工房

執筆協力
宇田川葉子
達弥生

デザイン・DTP
Zapp!（倉又美樹）

マンガ・イラスト
ゼリービーンズ